Vida pessoal e profissional

Dados Internacionais de Catalogação na Publicação (CIP)
(Câmara Brasileira do Livro, SP, Brasil)

Grün, Anselm
Vida pessoal e profissional : um desafio espiritual / Anselm Grün; tradução de Enio Paulo Giachini. 3. ed. – Petrópolis, RJ : Vozes, 2014.

Título original: Leben und Beruf : Eine spirituelle Herausforderung

Bibliografia.
ISBN 978-85-326-3493-1

1. Ambiente de trabalho 2. Espiritualidade 3. Trabalho e classes trabalhadoras – Relacionamento profissional 4. Trabalho e classes trabalhadoras – Vida religiosa I. Título.
07-2347 CDD-261.834553

Índices para catálogo sistemático:

1. Ambiente de trabalho e espiritualidade: Classes profissionais: Teologia social 261.834553
2. Espiritualidade e ambiente de trabalho: Classes profissionais: Teologia social 261.834553

Anselm Grün

Vida pessoal e profissional

Um desafio espiritual

Tradução de Enio Paulo Giachini

VOZES

Título original alemão: *Leben und Beruf – Eine spirituelle Herausforderung*

Direitos de publicação em língua portuguesa:
2007, Editora Vozes Ltda.
Rua Frei Luís, 100
25689-900 Petrópolis, RJ
Internet: http://www.vozes.com.br
Brasil

Editoração e org. literária: Maria da Conceição Borba de Sousa
Diagramação: Anthares Composição
Capa: 2 Estúdio Gráfico

ISBN 978-85-326-3493-1 (edição brasileira)
ISBN 3-87868-295-6 (edição alemã)

Editado conforme o novo acordo ortográfico.

Este livro foi composto e impresso pela Editora Vozes Ltda.

Sumário

Introdução

Cada vez mais intensamente sentimos uma contraposição entre vida e trabalho. Muitas vezes nosso trabalho consome todo o tempo que temos à nossa disposição. Com isso, sobra cada vez menos tempo para a vida pessoal. E mesmo o tempo que nos sobra para ficar em casa é determinado pelas preocupações geradas pela vida profissional. O trabalho vai corroendo a substância de nossa saúde, roubando-nos qualidade de vida. Sofrem, com isso, nossas relações com o cônjuge ou nossos parceiros de vida, as relações com nossos filhos, com os amigos. Simplesmente não temos mais tempo e energia suficientes para cuidar dessas relações.

Todo aquele que tem um emprego sabe da tensão que há entre trabalho e vida pessoal. Com essa situação sofrem, sobretudo, as pessoas que detêm responsabilidades e exercem liderança, pois sentem-se cada vez mais determinadas pelo trabalho. Pressentem não estar levando uma vida boa, mas não conseguem desvencilhar-se desse círculo vicioso que as desafia. O fato é que ao lado do trabalho é preciso haver espaço no qual simplesmente vivamos e nos sintamos felizes. Essa vida pode e deve, então, refletir-se depois no trabalho. Todavia, se nos sentimos felizes somente em véspera de feriado, mas não no trabalho, certamente algo não está indo muito bem.

Em muitas das minhas conversas com lideranças discuto sobre a forma e a possibilidade de fazer uma ponte entre trabalho e vida pessoal; como sobreviver no trabalho, enquanto seres humanos, e fazer com que este ganhe mais vida. Então, a primeira pergunta que surge não é somente como seria possível viver bem, apesar do trabalho, mas, antes, como o engajamento profissional pode fazer o homem progredir em seu desenvolvimento pessoal, enriquecendo sua vida pessoal.

Mas, por outro lado, constantemente me deparo com pessoas para as quais a vida e o trabalho jamais estiveram separados. Para elas, a profissão representa uma parte essencial de suas vidas. E, apesar disso, não experimentaram um florescimento apenas no trabalho, mas puderam gozar a vida em seu todo. Essas pessoas não sofreram com a tensão entre trabalho e vida, mas aproveitaram da tensão para poderem se sentir bem em ambas as dimensões. A partir dessas ponderações podemos perguntar, então, como é possível alcançar a tal "tensão equilibrada".

Meu primeiro livro sobre esse tema, *A sabedoria dos monges na arte de liderar pessoas*, encontrou grande ressonância. Nesse meio tempo, muitas pessoas que ocupam posições de liderança andaram me procurando, e nossas conversas circularam em torno do tema "vida e trabalho". Nessas conversas eram frequentes os temas relacionados aos problemas concretos referidos ao universo da profissão e do trabalho, problemas que oprimem a vida pessoal dos indivíduos. Nesta obra proponho algumas respostas às muitas perguntas que me foram colocadas sobre o assunto. Em seu conjunto, minhas respostas sempre tocam na dimensão espiritual de nossa vida. Para mim, a espiritualidade representa um bom caminho para se lidar com os problemas do dia a dia. Hoje, um crescente número de pessoas – e sobretudo aquelas que detêm alguma responsabilidade no trabalho – descobre que a espiritualidade pode ajudá-las a realizar seu trabalho com sucesso, expondo-se aos desafios emergentes sem precisar, contudo, extrapolar sua própria capacidade. Ao mesmo tempo, a espiritualidade na vida do trabalho sempre prefere se mostrar discretamente. Não se fala sobre o assunto. Afinal, ninguém quer aparecer como piedoso. Muitos têm medo de falar sobre aquilo que realmente os toca, e com isso acabar sendo machucados. Preferem agir como se não houvesse qualquer problema.

Sobretudo as pessoas que detêm cargos de responsabilidade lamentam-se sob o peso causado pelo papel de liderança que ocupam. Em casos como este, como a espiritualidade pode ajudar?

Será que não estamos colocando mais um peso em seus ombros? Do modo como a entendo, a espiritualidade não pode ser mais um peso acrescentado ao trabalho profissional, mas antes uma fonte a partir da qual posso realizar meu trabalho de maneira mais leve e melhor. É uma fonte que fornece energia para meus afazeres diários. Justamente quando me sinto sobrecarregado, quando estou esgotado e sob pressão, o caminho da espiritualidade me ajuda a alcançar a fonte refrescante do espírito divino que brota em mim, para ali experimentar fortalecimento, vivificação e clareza. E, por fim, o trabalho não deveria servir apenas para determinar a vida, nem sequer para criar-lhe empecilhos.

Hoje em dia, grande número de pessoas engajadas na vida profissional costuma reservar um tempo extra para si em mosteiros, procurando conselho sobre o melhor modo de lidar com sua vida e seu trabalho. Esse fato mostra que a espiritualidade na vida profissional está se tornando cada vez mais importante, justo nestes tempos cheios de mudanças bruscas. Muitas pessoas também se perguntam: O que é essencial? O que permanece? Quais são os objetivos com que me relaciono sempre? O que se manteve firme no trato entre as pessoas? Sobre que valores posso posicionar-me? Como posso assumir minha responsabilidade, sem com isso perverter-me, sem perder minha qualidade de vida? Qual é a fonte em que bebo para dar conta das exigências do dia a dia?

A essas perguntas não posso dar solução pronta. A partir de minha própria experiência como pastor e dos muitos anos de atividade como gestor de finanças do Mosteiro de Münsterschwarzach, que conta com 280 colaboradores, gostaria de apresentar algumas respostas que me ajudam, pessoalmente, a fazer a ponte entre trabalho e vida.

Este livro foi pensado para homens e mulheres que detêm responsabilidades profissionais e percebem que orientar-se para a busca do mero sucesso não ajuda muito. Procuram, assim, uma orientação espiritual, mas em geral não sabem muito bem como a espiritualidade pode ajudá-los a superar os desafios do dia a dia do seu trabalho e de seu papel de liderança. É claro que essas pessoas gostariam de integrar a espiritualidade em sua vida, mas ainda não encontraram nenhum caminho adequado para isso. Este livro deve ajudar tais pessoas a fazer a ponte entre espiritualidade e trabalho. A espiritualidade tematizada neste livro não é uma fuga diante das exigências do trabalho, mas uma fonte que ajuda a sustentar seu ser homem ou seu ser mulher, sem com isso perder sua própria autenticidade. Neste sentido, gostaria de me colocar ao lado de mulheres e homens que precisam de apoio em sua responsabilidade profissional, a fim de que encontrem um caminho plausível para si, realizando a contento suas tarefas dentro e a partir de um sentido cristão. Quero encorajar os leitores e as leitoras a avançarem em seu caminho pessoal e espiritual, a superarem as dificuldades profissionais e *encontrarem vida*, tanto no trabalho quanto individualmente. Desejo a todos os leitores uma leitura fecunda, novas descobertas sobre si mesmos e sobre sua vida (profissional) e as bênçãos de Deus para seu trabalho e seu caminho pessoal.

Sentir e perceber

Como portar-se humanamente no dia a dia do trabalho

A pressão

Um jovem gestor do departamento de uma empresa está sofrendo a pressão de seu superior, porque seu departamento supostamente não cumpriu as metas de desempenho estabelecidas para toda a empresa. Seu superior deixa claro que o gestor deve empenhar-se para que no próximo ano as metas de desempenho esperadas se cumpram. Também deverá reduzir os custos em 5%. A maneira de fazê-lo é problema seu.

Um outro gestor, que trabalha no ramo de construção, exerce sua atividade numa conjuntura desfavorável: a concorrência faz cair os preços. Para continuar competitivo vê-se pressionado a exigir maior desempenho em seu trabalho. Ele precisa das encomendas, pois não quer deixar de pagar seus colaboradores. Há dias em que não consegue dormir, pois não acha meios de tirar sua empresa dessa situação, livrando-a das dificuldades.

Como esses dois líderes devem lidar com a pressão que lhes é imposta de fora? A sobrecarga que a pressão gera em muitas pessoas acaba esgotando-as a tal ponto que já sentem dificuldades até para dormir. À noite ficam apavoradas ou continuam se sentindo pressionadas interiormente. Pensam e repensam, com olhos estalados, o que devem fazer, e mesmo assim não lhes ocorre ideia alguma. A pressão é, simplesmente, muito grande. O gestor do departamento, citado em nosso exemplo, não quer passar adiante a pressão que recebeu de seu superior, pois sabe que não pode motivar indefinidamente seus colaboradores. Sabe também que irá tornar-se sempre mais antipático se ficar elevando cada vez mais o nível da pressão. Haverá ocasiões em que ele experimentará uma contrapressão correspondente da equipe, sentindo-se encurralado entre dois polos. No entanto, não é possível corresponder a todas as expectativas.

Quanto ao gestor do setor de construção civil, no segundo exemplo, ele se nega a fornecer um trabalho desleixado ou ganhar dinheiro aplicando golpes, enquanto impõe exigências posteriores para trabalhos não previsíveis. Qualquer coisa que faça não o ajuda a encontrar uma saída para livrar-se da pressão.

Situações como estas sobrecarregam muitas lideranças, mas existem outras possibilidades para se lidar com a pressão. Em primeiro lugar, não faz sentido negar a pressão. Ela simplesmente está aí e de nada adianta fechar os olhos para isso. Devemos submeter-nos a ela. Mas, ao mesmo tempo, é preciso manter uma distância interior em relação às exigências que nos são impostas e que devem ser repassadas a outros. É preciso decidir para si mesmo até que ponto devem ser cumpridas as expectativas que vêm de cima e em que situações podem ser relativizadas. E assim pode-se fazer com que a pressão não seja passada adiante, tal como foi recebida. O melhor caminho é refletir como se pode alcançar um aumento de produção por outros meios. Isso não precisa passar sempre pelo aumento da pressão. Muitas vezes, para se alcançar maior sucesso, precisa-se apenas de imaginação e criatividade. Consequentemente, isso se repercute também sobre os colegas de trabalho, pois quando se alcançam as cifras de desempenho sem precisar despedir ninguém e sem a exigência de horas extras, o sucesso agrada a todos. O sentimento de estar pressionado ou de ter sido explorado desaparece completamente.

O modo pelo qual alguém reage à pressão exterior depende também da facilidade com que se coloca ou se deixa colocar sob pressão. Há pessoas que em qualquer trabalho se sentem sob pressão. Elas gostariam de realizar o trabalho de modo perfeito e corresponder de modo absoluto às expectativas que lhes são impostas. Não trabalham a partir de si mesmas, mas em tudo que fazem estão presas aos outros, às suas expectativas ou às elevadas exigências que elas próprias se impõem. Por fim, a pressão que tais pessoas impõem a si mesmas não passa de uma manifestação de sua própria insegurança interna e autorrejeição: eu não sou bom; só serei bom quando alcançar aquilo a que me propus.

Muitas pessoas dimensionam e fazem com que seu amor-próprio dependa da realização de suas próprias expectativas. Com essa pressão autoimposta, acabam prejudicando a si mesmas pela exigência exagerada a que se propõem, e assim, seu corpo e sua alma acabam exprimindo algo que de modo algum estava dentro delas. A resposta correta seria que cada qual descobrisse sua própria medida; se perguntasse por que realmente coloca a si mesmo sob pressão, iniciando, assim, um diálogo com a situação de pressão. Então uma coisa em sua própria alma acabará remetendo para muitas outras, para a falta de autoconfiança, para o medo de não ser bom o bastante, para as expectativas dos pais. Mas na medida em que se compreende a pressão é possível relativizá-la. É verdade que isso não a elimina, mas ela já não oprime tanto a pessoa.

Por outro lado, a pressão pode ser um importante incentivo para a criatividade, tornando-se um desafio positivo. Mas se, ao contrário, funcionar como uma constante ameaça e a tarefa de liderança junto com todo seu departamento pesarem sobre seus ombros, então a pressão acaba paralisando e gerando apenas medo. Nesses casos, então, muitos colaboradores acabam adoecendo e podem vir a produzir bem menos. Aquele que se prende à pressão, colocando as expectativas como algo absoluto, sente-se explorado e sobrecarregado; quase sempre desmotivado. É aqui que nasce muitas vezes o sentimento de inutilidade e impotência; situação que gera amargura e rouba o alento interior. Assim, a pressão pode atuar de forma contraprodutiva; em vez de motivar para uma maior produção, paulatinamente acaba levando para sua diminuição.

Mas, na medida em que se responde à pressão com espírito lúdico, podem aparecer outras soluções. Neste caso será preciso ter uma boa dose de coragem para relativizar a pressão imposta, e ter claro, por exemplo, que as cifras de produção exigidas em meu departamento, do modo como foram estabelecidas, simplesmente não podem ser alcançadas – pelo menos não no atual estado de coisas. Em tal contexto é necessário contrapor-se às prescrições superiores, não se submetendo à pressão. É aqui que muitas pessoas sentem medo, pois o ato de contrapor pode custar seu emprego.

Na história da pecadora adúltera trazida a Jesus pelos fariseus, este mostra como lidar com tal pressão. Qualquer que fosse sua resposta à alternativa apresentada pelos fariseus, Jesus ficaria em desvantagem. É assim que acontece com muitos líderes: independentemente do que venham a fazer, acabam perdendo, seja em relação às instâncias superiores ou às inferiores. Ou perdem o emprego ou tornam-se odiosos aos seus subalternos. Em casos assim, o que fazer? Pressionado, Jesus simplesmente se desliga, inclina-se para o chão e escreve sobre a areia. Poderíamos dizer: está fazendo tempestade de ideias (*brain-storming*). E ao desligar-se faz com que surja repentinamente uma solução criativa. Levanta-se e pergunta aos escribas e fariseus algo jamais previsto por eles: "Quem dentre vós estiver sem pecado atire a primeira pedra" (Jo 8,7). Como fez Jesus, também nós devemos nos afastar da pressão, mergulhando num nível mais profundo, entrando em contato com a fonte criativa que está em nós. Em tais ocasiões às vezes surgem soluções com as quais nós, expostos à pressão superior e inferior, não contávamos.

Uma outra dificuldade é que muitas pessoas permitem que a pressão as persiga inclusive na vida pessoal. Um recurso para afastar os problemas profissionais do âmbito familiar poderia ser o desenvolvimento de *bons rituais*. Estes servem para fechar uma porta e abrir outra. Isto significa que devo, em primeiro lugar, fechar sempre a porta do trabalho, com seus problemas, antes de abrir a porta do ambiente familiar. Os rituais servem aí, de certo modo, como uma interrupção curativa. Criam um espaço livre, que me pertence, um tempo sagrado que eu não deixo ser influenciado pelos problemas do trabalho. Quando, pela manhã, por exemplo, deliberadamente tiro algum tempo para fazer meditação ou para praticar ioga, então a pressão que me espera no trabalho, na parte da manhã, não irá me influenciar, pois estou concentrado em mim mesmo. Depois do trabalho, bastaria uma pequena meditação, cuidando da respiração, para deixar para trás toda pressão daquele dia. Não vou para casa cabisbaixo, mas de cabeça erguida. O ritual coloca-me em contato comigo mesmo, fazendo com que me sinta bem e em sintonia interna. Quanto mais estou comigo e me sinto, tanto menos sou influenciado pela pressão. Se tais rituais cotidianos sempre me colocam em contato com o espaço livre que há dentro de mim, então posso me submeter novamente à pressão que me espera no trabalho; mas agora com espírito lúdico. A pressão não tomou conta de mim, e posso responder-lhe de modo pessoal.

Os medos

Numa conferência que proferi para lideranças, certo homem, agora aposentado, dizia ter dirigido um empreendimento por longo tempo. Ele dizia o seguinte: "O medo é um tema que diz respeito a todos nós. Mas enquanto eu exercia a função de gestor jamais me arrisquei a falar sobre medo, e nem sequer meus colegas. Hoje, porém, todos nós falamos sobre o assunto e vemos que o medo sempre nos acompanhou".

Os medos que imperceptivelmente vão se apoderando desses líderes podem ser muito diversos. Encontramos o medo de não conseguir fazer com que a empresa supere a crise; o medo de já não estar à altura das exigências do trabalho, de adoecer e não dar conta de nossas atribuições. Pode ser o medo de não corresponder às expectativas dos superiores e acabar perdendo o emprego. Muitas pessoas que exercem uma responsabilidade profissional temem pelo julgamento alheio, não só da avaliação de seu superior como também dos outros colaboradores que devem fazer sua avaliação. Assim, procuram conformar-se a todos, a fim de estar de bem com eles. Outros ainda têm medo de não conseguir acompanhar o desenvolvimento do mercado e não ser rápidos o bastante para reagir às mudanças necessárias. Todos esses medos poderiam ser caracterizados como *medos da negação.*

O mais comum que encontro, porém, é o fenômeno do medo existencial. A revista *Psichologie Heute* (2004: 11,21) publicou um artigo específico sobre o tema do medo existencial, indicando que ele ainda é pouco pesquisado.

> Quem sofre com o medo existencial acha que todos os fundamentos de sua vida estão em perigo. A ameaça pode ser física, psíquica, financeira ou também social. Mesmo as lideranças que possuem um posto seguro não podem esperar ter garantia de seu emprego. A empresa poderia muito bem abrir um concurso; pode ser assumida por uma empresa maior. Embora esse líder tenha trabalhado bem, levando a empresa a um curso de sucesso, ele próprio pode perder o emprego de uma hora para outra, visto que um novo proprietário poderia reestruturar toda a empresa, despedindo a metade dos colaboradores. Isso significa que, mesmo um bom e constante desempenho de modo algum pode garantir, hoje, seu emprego. A pes-

soa está exposta a uma infinidade de fatores imprevisíveis e não sabe o que pode acontecer com a empresa ou com ele próprio nos próximos cinco anos. O próprio gestor de uma empresa sente medo de precisar declarar insolvência, colocando em risco, assim, o que construiu durante toda sua vida.

Frente à ameaça que se apresenta aos fundamentos de sua vida, muitas pessoas reagem com uma estratégia passiva. Elas simplesmente protelam seus medos existenciais, dizendo que de algum modo a situação vai melhorar. "Em um canto da escrivaninha vão se amontoando as cartas, ainda fechadas, trazendo contas e avisos de cobrança (*Psichologie Heute*, 2004: 22). Protelar, no entanto, não as liberta de seus medos existenciais, que continuam a machucá-las. Isto faz com que essas pessoas se sintam dominadas pela situação difícil que enfrentam, impelidas e jogadas de cá pra lá. Em casos como esse seria melhor empregar uma estratégia ativa: olhar conscientemente o medo e enfrentá-lo. Significa dar um passo atrás para ganhar distância do medo, analisar a situação difícil, empenhando-se para encontrar soluções para o futuro.

Nas conversas que tenho com gestores e gestoras deparo-me com outro tipo de medo: *o de perder o controle*. Os líderes impõem a si mesmos a exigência de sempre se portarem de modo controlado. Querem manter suas emoções sob controle. Seria penoso para eles se, numa discussão saíssem desse rítmo. Exteriormente gostariam de, sempre, se sentirem seguros de si e "manter o sangue frio". Ninguém pode perceber suas fraquezas. Mas o medo de perder o controle pode estar relacionado, também, à sua empresa ou ao departamento que administram. Querem saber sempre o que está se passando em todo o seu departamento. E quando os conflitos se avolumam ou quando os colaboradores manifestam sua insatisfação, parece-lhes que já não têm o controle do grupo, e, assim, tudo poderia escapar-lhe das mãos, podendo levar a ruína.

Como eu lido com os meus medos? O medo não pode simplesmente ser expulso; tampouco devemos deixar que ele se apodere de nós, nos domine completamente. O primeiro passo é reconhecer e acolher o medo como parte de si mesmo. Encontro muitos gestores que pensam estar doentes porque se sentem atormentados pelos medos. Eles acham que por serem líderes não deveriam sentir medo, pois quem carrega tal sentimento não pode exercer liderança. Não é correto pensar dessa forma, pois o medo faz parte da vida de todos nós. Se não tivesse medo algum, o ser humano também não teria medida; nada o deteria e não teria nenhum domínio para lidar com seu tempo e sua força. O medo sempre tem um sentido. Por isso, é preciso lidar com ele de modo amigável. É importante, acima de tudo, parar de patologizar a si mesmo, considerando-se doente somente porque descubriu ter medo. Este tem o direito de se manifestar, e é bom que o faça.

Quem proíbe a si mesmo de sentir medo acaba entrando em pânico quando aquele aparece, apesar de seu esforço em bani-lo. Tal situação faz surgir um círculo vicioso: temos medo de sentir medo, e isto faz com que este cresça sempre mais. Mas, na medida em que dialogamos com o medo, ele acaba diminuindo por conta própria. Em tais circunstâncias, qualquer um pode conversar com seu medo como conversa com outra pessoa. O medo acaba adquirindo um rosto, perdendo com isso seu poder. Como decorrência surge o segundo passo, quando poderíamos perguntar ao medo, por exemplo:

- Para que serves?
- Diante de quem ou de que me fazes retroceder?
- O que poderia acontecer?
- Em que situações surges?
- São pessoas determinadas que me causam medo?
- Quando estou sobrecarregado, quando trabalhei em excesso é que ganhas força?
- Eu conheço teus sinais? Posso contrapor-me a eles?
- Eu tenho medo de ter medo?

Um terceiro passo consiste em investigar as causas desse sentimento. Serão experiências de medo instaladas na infância que liberam o medo atual? Há pessoas que foram abandonadas quando eram crianças, e assim que se sentem ameaçadas por qualquer desgosto, o velho medo ressurge e se apodera delas. Ou não serão as pressuposições básicas de uma pessoa que acabam lhe causando medo? Há pessoas que têm medo de se expor ou de cometer algum erro, pois adotaram para si a seguinte pressuposição: "Eu não posso cometer erros; fazendo-o, perderei minha dignidade. Não devo me expor ao ridículo, senão as pessoas rirão de mim, me considerarão um louco, um doente". Na medida em que expresso para mim mesmo esses pressupostos, me dou conta de que não são verdadeiros e posso despedir-me deles.

Um quarto passo para reagir positivamente frente ao medo é reconhecer abertamente aquilo que nos leva a ele. Então, procuro simular quais seriam as consequências se acontecesse realmente aquele fato que me amedronta: cometo um erro, por exemplo, e acabo me expondo. Cometo uma gafe ao falar. Perco o fio da conversa. Então me pergunto: Será que isso é tão ruim assim? O que poderia acontecer? Provavelmente o superior irá me repreender. Mas isso coloca realmente em risco minha existência? Onde estão meus princípios de afirmação, do juízo que as pessoas fazem de mim ou de Deus?

Muitas pessoas têm medo de ficarem inseguras em determinada situação e começam a suar e tremer. O simples fato de evitar tais consequências já consome muita energia. Se, ao contrário, me permito suar ou tremer, acabo perdendo o medo dessas coisas. Ninguém está proibido de suar; todo mundo tem sentimentos e pode muito bem demonstrá-los. Todos podem igualmente ficar inseguros, e permitir-se sentir medo não representa um truque barato. Neste gesto está uma outra imagem que fazemos de nós mesmos, uma imagem muito mais sincera. O que nos protege não é um ideal inumano, mas a imagem de um ser humano que se permite ser como é: bom em si mesmo e que pode, também, demonstrar fraquezas.

Um outro passo para lidarmos com o medo consiste em olhar todo o seu espectro. Admito para mim mesmo: "Tenho medo de falhar. Tenho medo da doença, da morte!" Mas não fico parado nessas informações e procuro superá-las. Tenho sempre presente que, apesar de meu fracasso, de minha doença e de minha morte, estou nas mãos de Deus. O que importa não é o fato de não sentir medo, mas permitir que este nos leve a Deus. Quando é pensado em toda a sua amplidão, o medo acaba remetendo-me para meu próprio fundamento, sob o qual construo minha identidade: ou seja, sobre Deus, a base mais profunda de minha vida. O medo mostra-me, por fim, o que realmente me sustenta. Não é qualquer método que me protege dele que pode me ajudar. Também é preciso ter clareza de que a base sobre a qual construo minha vida não são pessoas que fazem um bom juízo de mim. No fundo, é apenas e somente Deus quem me sustenta.

Jesus nos demonstrou esse ensinamento numa bela parábola: um homem inteligente construiu sua casa sobre a rocha. "Vieram as tempestades e as enchentes, vieram os ventos e sopraram sobre aquela casa, mas ela não desabou, pois estava construída sobre a rocha" (Mt 7,25). Se alguém construir sua casa sobre a rocha (Deus), os ventos podem soprar sobre ela. As emoções de meus superiores podem precipitar-se sobre mim ou o inconsciente pode até inundar-me, mas minha casa não irá desabar. As opiniões e os julgamentos que as outras pessoas tiverem e fizerem a meu respeito não poderão me atingir. Elas apenas "sopram sobre a casa", atingem minhas emoções, mas não o fundamento de minha casa, que é Deus. Obviamente, a crítica e o desprezo que me atingem, ferem. Há ocasiões em que sinto muito medo do julgamento de certas pessoas; então digo para mim mesmo: os ferimentos entram apenas em meu coração, mas não podem atingir o fundamento. É verdade que doem, mas não penetram na casa. Os julgamentos ficam do lado de fora, não dentro dela.

Mas quem constrói sua casa sobre a areia, ao soprarem os ventos, ela rapidamente cai; basta que alguém o fira, que as emoções de outras pessoas se precipitem sobre ela como um temporal. Por fim, todo e qualquer medo acaba remetendo-me para uma instância interna de silêncio, onde Deus habita. Ali o medo não tem acesso; é sentido em meu coração, mas não em meu santuário interior. Os monges da Antiguidade nos exortam a fugir do medo refugiando-se diretamente em Deus. Com isso estão se referindo ao lugar que Ele ocupa em nossa alma: o lugar do silêncio. Ali o me-do não nos alcança.

Em todos nós, sem exceção, existe tal lugar, mas muitas vezes não nos apercebemos disso. Para restabelecer contato com esse lugar faz-se necessária a interiorização e a meditação. Ali, os seres humanos, com todas as suas expectativas, não têm acesso; os meus medos e as minhas preocupações não entram. Ali estou plenamente livre, sou totalmente eu mesmo. Como vimos, são os monges da Antiguidade que nos revelam a existência desse lugar sagrado em nós. *Sagrado* é o que está retirado e apartado do mundo, sobre o qual este nada pode dispor. E é só o sagrado – já diziam os gregos – que pode nos curar e nos salvar. Ali, no lugar sagrado, somos sadios, nos sentimos salvos e plenos.

Esse processo que os monges antigos descobriram fazendo experiências com suas emoções e buscando modos de lidar com seu medo, o psiquiatra italiano Roberto Assagioli chama de *des-identificação*. Ele desenvolveu esse método não apenas no trato com o medo, embora se mostre muito eficaz em relação a ele. Observamos o medo que toma conta de nós e vai apertando nossa garganta. Procuramos então não contrariá-lo, observando-o apenas e fazendo a seguinte representação: a parte com que estou observando, ela mesma já não está dominada pelo medo. Assagioli chama a esse núcleo interior de *observador inobservado*. E ele nos aconselha a dizermos a nós mesmos: "Eu tenho medo, mas não sou meu medo". Por esse método o medo acaba relativizado. Já não estamos obrigados a nos desfazer dele. O medo tem permissão de existir, mas não tem mais o domínio sobre nós.

Existe ainda um outro caminho para levar o medo a Deus. Permaneço sentado e em silêncio na presença de Deus, deixando que o medo venha a mim. No entanto, não penso no medo nem quero me livrar dele. Ofereço-o, antes, a Deus. Imagino que a luz e o amor divinos penetram meu medo, transformando-o. Reconheço não ser capaz de desfazer-me dele, mas na medida em que deixo que exista e o coloco diante de Deus, acaba sendo relativizado. Diante do Deus que me sustenta com meu medo, este perde o caráter ameaçador. Juntamente com este sentimento, sinto-me protegido e sustentado por Deus.

Quem quiser pode, inclusive, recitar bem devagar um verso de qualquer salmo. Este método, chamado de *anti-rethico*, já era utilizado pelos antigos monges. Ele parte do princípio de que mesmo nosso medo se expressa em palavras, como por exemplo: "Tenho medo. Eu não posso. Se fizer isso, vou me expor demais. O que pensam os outros de mim?" Diante desses pensamentos e palavras, recitamos o Salmo 118: "O Senhor está comigo. Não temerei. Que poderão fazer os homens contra mim?"

Estas palavras da Escritura não irão expulsar o medo, mas quando as deixamos entrar em contato com ele, este vai paulatinamente sendo transformado. Nenhum de nós possui somente medo ou confiança; ambos os polos habitam em nosso ser. O fato é que muitas vezes ficamos presos e fixados somente no medo. Ao deixarmos que a palavra bíblica entre em contato com ele, descobrimos a confiança que já está em nós, na mesma base onde se encontra o medo. A palavra nos desperta para a cofiança que estava, por assim dizer, adormecida. Dessa forma, ela pode crescer e se estender cada vez mais. A Bíblia está repleta de palavras de confiança; a expressão “não temas”, por exemplo, é encontrada 365 vezes. Para cada dia o livro santo pode nos mostrar um caminho para sair do medo. Quanto mais formos impregnados pelas palavras sagradas, menos poder terão as palavras que nos ferem e angustiam.

Certa vez ouvi o relato de uma psicóloga que contraiu câncer e, no desenvolvimento da doença, acabou atormentada por muito medo. Para ela, o fato de se entregar ao medo lhe representou um recurso muito eficaz. À primeira vista, isso pareceu-me estranho, pois quando me entrego ao medo, já não tenho nada que me separe dele. Mas essa mulher pôde fazer a experiência de que, ao entregar-se a tal sentimento, acabou mergulhando numa profunda paz interior. Assim, o medo que tanto receamos pode se transformar num guia para a paz interior. Por fim, podemos dizer: o medo torna-se companheiro no caminho para o profundo da alma, onde Deus mesmo habita e preenche com sua paz. Se for compreendido como um guia que me leva a Deus, o medo perde todo seu caráter opressor. Reconcilio-me com ele, e ele se torna parte de mim, mantendo-me desperto e me remetendo, sempre, para o fundamento de minha existência: Ele é quem me sustenta com sua mão amável, pacificando meu medo.

As preocupações

Em meus encontros com lideranças, quase nunca encontro pessoas interiormente satisfeitas e relaxadas. Todas sentem-se sobrecarregadas de preocupações acerca do futuro. A palavra "preocupação" (*Sorge*) possui dois significados na língua alemã. O primeiro deles é *ter apreensão, sentir aflição e como se estivesse doente*. Quem tem preocupações geralmente apresenta um rosto perturbado e rugas na testa. As preocupações são pensamentos que vão nos torturando, e quase sempre vêm acompanhadas de medo. Quando uma pessoa sofre algum contratempo, dizemos: "Ela está muito preocupada". "Está preocupada com o filho que não fez o exame e que não dá conta de cuidar de seus afazeres". As preocupações nos roubam o sossego, não nos deixam dormir em paz. Martin Heidegger, "o filósofo da floresta negra", definiu o homem essencialmente como o "ser que está preocupado com sua existência". Vida é preocupação.

O segundo significado da palavra preocupação se refere ao *esforço de alguém para prestar ajuda*. Preocupo-me, por exemplo, para que não mais ocorram panes. Preocupo-me para que as coisas andem melhor.

No Evangelho, Jesus nos convida a estarmos despreocupados: "Não vos preocupeis por vossa vida, com o que havereis de comer, nem com o vosso corpo, com o que havereis de vestir" (Mt 6,25). Lembra-nos dos pássaros do céu, que não se preocupam com o que precisam para viver, e apesar disso são alimentados por Deus. Ele nos lembra dos lírios do campo, que não trabalham nem fiam, e no entanto são vestidos maravilhosamente por Deus.

Algumas pessoas que ocupam lideranças, ao ouvirem essas palavras de Jesus, acabam muitas vezes se irritando. Pensam que isso é muito ingênuo, pois elas têm que se desgastar para poder realizar o que está ao seu encargo, precisam preocupar-se para que a empresa continue a andar para frente. É certo que Jesus não quer nos levar a renunciar nossa responsabilidade para com os outros, voltando-se unicamente para nós mesmos, ou que repassemos irresponsavelmente nossas preocupações para Deus. É comum aparecerem fanáticos religiosos que não se preocupam com suas coisas materiais. É obvio que pressupõem o fato de que a sociedade acaba suprindo sua falta de precaução. Mas o que pensa realmente Jesus? Como suas palavras podem nos ajudar na convivência responsável com os outros? Como ecônomo, tenho a responsabilidade de colocar e manter o mosteiro em uma base financeira sólida, e assim, com o passar dos tempos, garantir o futuro, oferecendo aos colaboradores um posto de trabalho seguro. Devo preocupar-me, portanto, para que seja "um bom negócio". Importa observar, no entanto, a influência que as preocupações têm sobre mim. Se me perseguem, inclusive, em minhas orações, então as preocupações estão tirando minha tranquilidade. Nesse caso, a palavra de Jesus serve muito bem para mim: "Deveis buscar primeiro o Reino de Deus e sua justiça, e tudo mais vos será acrescentado" (Mt 6,33). Uma pergunta orientadora, portanto, seria esta: Qual o verdadeiro objetivo de minha vida?

Se o que me importa é Deus e sua justiça, então minhas preocupações são relativizadas. Devo fazer o que é razoável e necessário. Mas não devo ficar batendo na mesma tecla; por exemplo, se tomei as devidas precauções para o futuro, se empreguei bem o dinheiro, como será a cotação futura das ações, se o dinheiro bastará ou não etc. É claro que essas "minhocas" em minha cabeça não vão me ajudar a ganhar mais dinheiro. Então preciso confiar no chamado de Jesus. Sopesando todos os motivos, devo tomar decisões inteligentes. Mas, em última instância, fazer com que minhas decisões se mostrem acertadas ou não, isso depende mesmo é de Deus. Confio que Deus fará o melhor com aquilo que iniciei.

Apesar de tudo o que foi dito, não asseveramos o objetivo de não ter preocupações. Estas são parte essencial de nossa vida, mas a arte consiste em relativizá-las constantemente. Se para alguém é mais importante fazer o que é direito do que alcançar sucesso pessoal, se os seus valores significam mais do que sua própria profissão, as preocupações perdem seu poder. Já não me preocupo apenas por mim mesmo, por minha própria imagem, por me dar bem, mas, em última instância, preocupo-me para que a justiça de Deus se manifeste neste mundo, para que Ele reine, e não com os interesses egoístas de pessoas perfeccionistas e pretensiosas. Se não olho apenas para o meu umbigo, mas para os valores que são importantes para mim, então minhas preocupações são relativizadas.

Como escrevi acima, cada um possui em si mesmo um lugar de silêncio onde Deus atua. Ali, onde o mundo não tem poder, as preocupações se acabam, não têm acesso. Quando preciso tomar alguma decisão de gestão, é claro que tenho preocupações; mas quando estou em minha cela, no mosteiro, fazendo meditação, não permito que elas façam parte do meu interior. Ali deleito-me com a ideia de que Deus mesmo habita em mim, onde os pensamentos carregados de preocupações não têm porta de entrada, ficam do lado de fora. O Deus, que está em mim, cria um espaço de quietude e paz em meu interior. E essa harmoniosa interiorização me provocará a cuidar adequadamente das pessoas e do futuro da economia do mosteiro.

A frustração

A palavra "frustração" vem do latim *frustrare* e significa: em vão, à toa. A frustração surge quando alguém se esforçou em vão. Quando no trabalho, por exemplo, demos o melhor de nós mesmos, empregamos todas as nossas forças a fim de alcançar as metas estabelecidas, e mesmo assim tudo saiu errado: os colegas de trabalho nos decepcionaram, não colaboraram; os indicadores baixaram de uma só vez os lucros auferidos. Toda e qualquer pessoa que detém alguma responsabilidade profissional conhece essas frustrações do dia a dia. Muitos profissionais procuram compensar essas frustrações à noite, comendo ou bebendo vorazmente. Ou então procuram escamotear suas decepções, embora, por dentro, elas estejam lhes corroendo. Quanto mais fugirem dessas decepções, mais perseguidos serão por elas. Por exemplo, acordam no meio da noite e o quadro de frustração volta à sua mente, sem poder ser afastada.

Como devemos lidar com as frustrações? Também aqui vale a antiga regra: olhar de frente e não reprimir, tomar uma postura e não fugir. Olhamos de frente a frustração e sentimos a dor que ela nos causa. Não deveríamos, no entanto, ficar concentrados nela, mas nos perguntar o que nos quer dizer. Muitas vezes a frustração é um convite para abandonarmos a ilusão de que todas as coisas transcorrem normalmente, que os colegas de trabalho são perfeitos. E cada um também deve se livrar da ilusão de que é um ser humano perfeito e sempre bem-sucedido em suas ações. Há um provérbio que diz: “Só se pode cozinhar com água”. Usando tal provérbio queremos dizer que a frustração deve nos levar à humildade, à coragem de assumir e suportar nossa própria humanidade com muito bom humor. Além disso, nos convida a ver nossos colaboradores com os olhos da realidade, renunciando à tentação de desculpá-los ou julgá-los. Um gestor ou gestora deve tentar, antes, compreender seus colaboradores, o motivo por que decepcionaram alguém, colocar-se em seu lugar e procurar sentir como as coisas aconteceram. Ou, então, olhar para a situação que levou à frustração, sem, contudo, culpar ninguém. Aceita-se a vida como ela é, com seus altos e baixos, com seus fracassos e sucessos. O primeiro passo, portanto, é a reconciliação com a situação concreta.

O segundo passo é encarar a frustração como desafio. Em vez de se irritar e "engolir a irritação", devemos nos perguntar: O que posso fazer para que tal situação melhore? Como devo reagir frente a isso? Em que ponto posso organizar-me melhor? Ou serão necessários outros princípios totalmente diferentes para encontrar uma solução? Se reagirmos de forma criativa à frustração, então nosso ânimo não irá decair para uma depressão. Reagimos à situação com espírito desportivo. Se você perdeu uma partida de futebol não precisa ficar resignado; pode pensar num modo de mudar sua tática para ganhar a próxima partida.

O terceiro passo consiste em relativizar as frustrações. Elas fazem parte de nossa vida; não podem, porém, nos dominar. O que se deve, então, fazer realmente? O que, de fato, me causa alegria? Deixemos o trabalho com suas frustrações de lado e nos dediquemos conscientemente àquilo que nos é importante: a família, o passeio, o jogo de tênis, a meditação... Deixar de lado não significa reprimir – eu só posso deixar de lado aquilo que aceitei. Por fim, importa encontrar uma nova relação consigo mesmo, num nível de realidade mais intenso: vejo-me com minhas forças e minhas fraquezas. Perdoo as fraquezas que encontro em mim, e isso me leva à paz e à serenidade interior. A frustração é parte integrante de minha vida, mantendo-me vivo; mas nem por isso me fará sucumbir, pois não permito que ela se apodere de mim. Não deixo que determine minha vida nem ando, de cá para lá, de cabeça baixa.

A falta de tempo

Nos seminários que faço com lideranças, uma das reclamações que mais ouço é a seguinte: "Eu não tenho tempo. O tempo corre cada vez mais rápido e eu me vejo sempre correndo atrás dele". É por isso que os seminários relacionados à administração do tempo são cada vez mais concorridos. Nesses seminários, gestoras e gestores aprendem a estruturar melhor seu tempo e utilizá-lo da melhor forma possível. É claro que isso representa uma boa iniciativa; no entanto, pela mera administração, o tempo não se multiplica. Ao contrário, quem sempre procura administrar o tempo descobre rapidamente estar lidando com um adversário. Nós administramos contra ele, e não com ele. A consequência disso é uma grande pressão, porque a reserva de tempo precisa ser gasta sempre integralmente a fim de conseguir alcançar produção máxima no tempo predeterminado.

Pessoalmente eu procuro, antes, compreender o tempo não como inimigo a ser submetido, mas como um presente doado a mim por Deus, agora. Vivo no tempo, e a experiência dele é uma parte essencial de meu modo de ser: humano. Por isso, importa experimentar o tempo de maneira nova; é preciso desenvolver um modo de senti-lo: o instante presente me foi dado em forma de dom. Participo profundamente, "estando inteiramente presente nesta situação": sinto o tempo e usufruo dele. Assim considerado, transcorre lentamente.

A maneira pela qual "passo" está relacionada a uma disposição interior. Quem procura pressioná-lo percebe rapidamente que ele "foge de suas mãos". Mas quando se vive plenamente o momento, o tempo não se torna inimigo, e se descobre estar dentro dele. O tempo pertence interiormente à pessoa, e, então, todas as tarefas já não são executadas contra ele, mas são resolvidas nele e com ele. De fato, o tempo está sempre ao nosso dispor; devemos apenas tomá-lo. Resta-nos decidir, no entanto, onde empregamos o nosso tempo; se unicamente para trabalhar, ou também para ser vivido na quietude, no recolhimento. É muito importante também observarmos como nos portamos em relação a ele. Logo pela manhã, por exemplo, quando olho para a agenda e me dou conta dos muitos compromissos que me esperam ao longo do dia, posso lamentar a escassez de tempo, mas também posso simplesmente contemplá-lo, fazendo uma coisa de cada vez. Dou tempo a tudo: à conversa, ao trabalho, às horas de descanso... Minha experiência mostra que mesmo um dia cheio de compromissos não precisa ser transcorrido de maneira estressante, quando vivemos plenamente o instante e nos devotamos inteiramente a cada atividade. É claro que às vezes se acumulam muitos compromissos, a fila de pessoas vai aumentando... tudo num reduzido espaço de tempo e com distintas exigências. Mas nessas ocasiões é importante ter clareza que só é possível fazer uma coisa de cada vez.

Procurar ordenar o tempo que tenho à disposição pode ser um bom recurso para lidar com ele. A rotina do claustro me estrutura para isso. Nele o tempo não é dedicado apenas ao trabalho, mas também à meditação, à leitura, às celebrações litúrgicas, ao diálogo etc. Mesmo fora do claustro há possibilidade de ordenar o meu dia.

Há ainda um outro ponto importante. Existe realmente o "tempo lento": na meditação, no passeio, no ouvir música. É importante aproveitar bem essa lentidão. Quem fizer isso terá uma ótima experiência. Segundo um dito asiático, é "voltar a estar e correspondentemente permanecer inteiro ao sentar-se, ao ouvir e ao falar".

É claro que também existe o tempo da agilidade diante dos afazeres diários. Quando as tarefas se amontoam sobre a escrivaninha, aumenta a quantidade de cartas *e-mails* para responder... é preciso agir com rapidez. Mas isso não precisa, necessariamente, ser transformado em pressão. É importante nesse caso manter-se flexível, dirigindo toda a atenção ao que se está fazendo no instante. Só assim as coisas fluem. Muitas vezes, quando estou com pessoas que reclamam da escassez de tempo percebo que existem nelas bloqueios que prejudicam sua rotina. Eu mesmo já fiz essa experiência: quando estou escrevendo uma carta, por exemplo, e procuro por formulações perfeitas, acabo gastando muito tempo. Mas se escrevo de forma simples o que penso, então a carta flui e num instante está pronta.

Na verdade, a capacidade de estar inteiramente no momento presente é uma grande arte. Mas isso só é possível quando nos livramos de exigências que impomos a nós mesmos, assim como das expectativas que nos inundam a partir de fora. Ninguém jamais pode fazer tudo de uma só vez. O tempo se torna agradável e fecundo quando mergulhamos inteiramente naquilo que fazemos. São Bento chama a isso de *postura espiritual*. Para os monges primitivos, conhecia-se um homem espiritual pela aptidão de trabalhar de modo rápido e efetivo, quando este podia entregar-se inteiramente à atividade do momento. Quem domina essa arte trabalha rápido e de modo efetivo, experimentando sobretudo a rapidez não mais como uma interpelação forçada ou como um sentir-se impedido, mas como fluência da energia interna.

Cotidianamente as pessoas precisam conciliar as duas coisas: o *tempo pressuroso*, no qual efetivamente trabalha, e o *tempo lento*, no qual "se está simplesmente aí", onde se deixa ficar no instante, sem precisar pensar ansiosamente no próximo compromisso. Quando conseguimos equilibrar ambos os tempos, poderemos, sim, falar de bem-estar temporal ou de ecologia do tempo, que é um modo de lidar sustentável, onde o tempo não se desgasta, mas é experimentado e vivido.

Certas decisões precisam de paciência e espera para que possam amadurecer. Mas há pessoas que, por serem muito exigidas e pressionadas no trabalho, acabam se esquecendo disso. Um gestor, por exemplo, que trabalha de modo bastante efetivo e rápido, pensa, na maioria das vezes, que deve levar para casa a mesma eficiência. O pouquíssimo tempo que permanece em casa quer ocupar com atividades: praticar esporte, passear ao ar livre, ocupar-se com as crianças etc. No melhor dos casos, depois da jornada de trabalho quer, por exemplo, que toda a família se reúna para passear de bicicleta. Mas todas as pessoas de sua casa têm simplesmente necessidade de ficar com ele. Mas, quando tal gestor percebe que o tempo em que passa com a família tem uma qualidade diferente do tempo que gasta na empresa, que em sua casa não há necessidade de efetividade máxima, o relacionamento com sua esposa e filhos torna-se muito melhor.

O tempo que cada um reserva para seu recolhimento pessoal, para a família, para os amigos e o tempo para o trabalho devem ser equilibrados, e para isso se requer constante esforço. Tenho presente para mim que o trabalho precisa sofrer algumas interrupções. Se isso não ocorrer acabo trabalhando ilimitadamente, sem jamais conseguir acabar o que estou fazendo. Apesar das muitas atividades é preciso reservar um tempo para si mesmo. Quando não consigo terminar o que preciso fazer no espaço de tempo de meu trabalho, tomo mais tempo. No entanto, cuido para que isso não se torne rotineiro.

Há épocas em que quase não temos tempo para nós mesmos. Isso é perfeitamente compreensível. Mas quando percebemos que isso se tornou uma constante para nós e nossa família, precisamos nos organizar para que também possamos participar de outras atividades, sem abrir exceções. Se, por exemplo, decidimos conversar ou jogar em família, tal compromisso não pode ser desmarcado, mesmo se o nosso chefe achar que precisamos trabalhar até mais tarde. Todos nós devemos levar a sério nossos compromissos privados tanto quanto os compromissos de trabalho. Se não fizermos isso, nossa vida particular acaba se esvaziando. Obviamente faz-se necessário certa flexibilidade, mas jamais podemos abdicar de tempo reservado à família.

Cobranças alheias

Certa vez, um diretor de banco me procurou para conversar. Dizia ter a sensação de que todos constantemente exigiam algo dele: seus colaboradores esperavam decisões dele; precisava estar sempre à disposição e sem reservas; de preferência participar de todas as reuniões das diversas filiais. Ao lado disso ele também devia representar o banco em diversos eventos sociais e políticos. Na vida pessoal, era sócio do Lions Club. Os amigos do clube esperavam que ele participasse das reuniões e festividades, engajando-se em prol dos objetivos da instituição. Em tais ocasiões, pelo menos podia contar com a presença de sua família. Mas... também ela esperava algo dele. Lembrava-lhe constantemente que passava pouquíssimo tempo em casa. Em certos períodos pensava não mais poder suportar isso. Não há dúvida de que ele gostava de empenhar-se no trabalho e no círculo de amigos, mas isso acabava gerando mal-estar dentro da própria casa, pois não lhe restava mais energia para satisfazer as expectativas da esposa e dos filhos. O que deveria fazer para mudar esse quadro opressor?

É fato que precisamos corresponder a expectativas. Mas quando não vemos outra coisa pela frente, senão isso, nos tornamos amargos e ríspidos; nos sentimos explorados, com a sensação de estarmos sendo guiados por outros, como se eles estivessem vivendo a nossa própria vida. Para voltarmos ao equilíbrio é necessário acenar para o polo contrário. Um bom contrapeso é estabelecer alguns rituais de cura. Estes criam um tempo e um lugar sagrados.

Sagrado é aquilo que se retirou do mundo, sobre o que o mundo não tem qualquer poder. O tempo sagrado pertence só e inteiramente à pessoa; ele é de Deus. As pessoas e os problemas não têm o direito de atrapalhar esse tempo e lugar sagrados, criados por um ritual. Estes podem constituir de coisas simples e não demoradas. Para uma mãe, por exemplo, eles são os cinco minutos que ela passa sozinha no banho. Essa mulher sente que ali pode respirar em paz; sente a si mesma; vive ela mesma, em vez de ser vivida por outros. Um homem carrega consigo o jornal para o banheiro, porque ali pode lê-lo sossegado. Um outro pratica ioga no início do dia, sentindo sua própria vida. Aqueles momentos pertencem a ele e não à empresa. Outro simplesmente reserva certo tempo para tomar um café da manhã mais demorado, lendo jornal. Ele desfruta da manhã, antes de ir para o trabalho. Depois caminha para a empresa como um homem livre, e não como alguém que vive sob o jugo de satisfazer as expectativas alheias. Eu, pessoalmente, encontro esse tempo sagrado na meditação, pela manhã, podendo usufruir desse tempo para mim, não sendo cobrado por nada. Sento-me simplesmente e, observando o ritmo da respiração, recito a oração de Jesus: "Senhor Jesus Cristo, Filho de Deus, tem piedade de mim". Isso me enche de piedade e misericórdia para comigo mesmo. E isso alivia, inclusive, o jugo do trabalho. Para ele me dirijo como se fosse outra pessoa.

Os rituais após o trabalho são muito importantes. Muitas pessoas vão para casa, mas não chegam realmente em casa. Sua cabeça ainda está cheia de problemas relacionados ao trabalho, problemas com os quais se ocuparam durante todo o dia. Assim, não ouvem direito ou reagem irritados quando a esposa/o marido ou os filhos lhe perguntam alguma coisa. É aqui que se faz necessário um ritual que feche a porta do trabalho e abra a porta da vida pessoal. Podemos, por exemplo, ao final do expediente, continuar sentados à mesa por mais cinco minutos e, conscientemente, ir deixando para trás o trabalho e as dificuldades inerentes a ele. Podemos também entregar nossas dificuldades a Deus e pedir que Ele as transforme em bênçãos. Podemos fazer uso do trajeto para casa também para nos desligarmos do trabalho, para que, ao chegarmos em nosso lar, nos sintamos realmente em casa, podendo nos dedicar integralmente à família.

Certo gestor disse-me que ao chegar em casa do trabalho vai direto para o chuveiro, "lavando a sujeira interior e exterior". Quando, então, entra em contato com os seus, procura estar ali por inteiro; sente-se como que renascido, e assim consegue dedicar toda a atenção e amor a um dos seus.

Certas imagens mentais também ajudam. Quando, por exemplo, abro a porta de casa, devo imaginar que a partir daquele momento o trabalho, juntamente com suas preocupações, fica do lado de fora. Chegou a hora de estar plenamente em casa. Mas para que a porta de casa possa realmente ser aberta, a porta do trabalho precisa ser fechada. Constantemente corremos perigo de deixar todas as portas abertas. Isso não é salutar para a alma nem para o corpo. Para estarmos bem e presentes, há necessidade de fechar a porta do passado. É somente com as portas fechadas que pode haver crescimento. Só assim podemos nos entregar inteiramente àquilo que, de fato, é real, sem cruzar o olhar pela porta ainda aberta. Isso faz com que se torne muito prazeroso poder desfrutar do convívio do lar, estar ali somente para as pessoas que mais gostamos.

Os rituais da noite também são importantes. Muitos escamoteiam os aborrecimentos do dia entupindo-se de comida, bebida, televisão etc. Mas aquilo que encobrimos acaba à noite emergindo do inconsciente, através de sonhos perturbadores ou sentimentos negativos no dia seguinte. Muitas pessoas, ao acordarem, têm um sentimento difuso de insatisfação e não sabem dizer de onde provém. Elas simplesmente não "fecharam o dia anterior"; por isso não conseguem começar realmente o novo dia. O ritual clássico deveria ser a oração da noite. Com esta, ofereço meu dia a Deus; renuncio a avaliações e julgamentos, entregando a Ele tudo o que me aconteceu durante o dia. Um outro bom ritual seria abrir as mãos em forma de concha e estendê-las imaginariamente a Deus. Isso não dura mais do que dois minutos, mas pode me desvincular do dia que termina; é a sensação de deixar "escorrer" todo o dia por entre os dedos. Posso encerrar o dia, deixá-lo de lado, entregando-o a Deus. Posso também confiar-me nas mãos de Deus, para que Ele me proteja. Esses rituais noturnos são extremamente saudáveis para que se tenha uma boa noite de sono. Não são poucas as pessoas que sofrem de insônia, pois não conhecem qualquer ritual; a única coisa que fazem é deitarem na cama, extenuadas pelo cansaço. E não é incomum aparecerem sentimentos reprimidos, roubando-lhes o sono.

Quanto mais trabalhamos, tanto mais cuidado devemos ter para com os rituais. Quando falo de rituais às lideranças, sempre encontro bom acolhimento; conscientizam-se de que os rituais lhes fariam muito bem. Muitas, inclusive, chegam a se recordar de rituais que elas próprias já praticavam de modo inconsciente. Há também as que se lamentam por terem abandonado seus rituais e, diante dos desafios exteriores, correm sem sair do lugar. Outros líderes gostariam de praticar algum ritual, mas sentem pela experiência que não conseguem levar isso muito adiante. O diretor de banco, citado anteriormente, gostava de retirar-se, durante alguns instantes, na hora do almoço. Muitas vezes percebia que em tais ocasiões os problemas da organização se acumulavam, e ele não deixava que outras pessoas os resolvessem. Sentia-se na obrigação de solucioná-los pessoalmente.

Obviamente não podemos estabelecer os rituais de maneira rígida, pois os transformaríamos em jugo.

Quando percebo que constantemente não me lembro de fazer uso dos rituais deveria me perguntar se eles são adequados para mim. Talvez eu os pratique de modo superficial.

Posso também refletir sobre o melhor modo de preservá-los, e meus colaboradores precisam respeitar esses momentos que são próprios de minha pessoa. Se eles têm consciência de que na pausa para o almoço não gosto de ser perturbado, porque este é o meu tempo sagrado, acabarão se acostumando com o fato. Talvez até comecem a imaginar que também poderiam utilizar melhor essa pausa do meio do dia. Isso mostra que os rituais criam relações claras. Eu sei perfeitamente quando posso e quando não posso perturbar o outro. Os rituais também relativizam o trabalho. Em meio aos problemas que nos assolam diariamente, os rituais criam uma âncora que nos sustenta. É uma pequena e sagrada interrupção de tudo o que se passa no trabalho.

Mas não existem só os rituais pessoais, que nos ajudam a melhor nos havermos com nosso trabalho e a não nos deixarmos dominar por ele. Seria bom também passar em revista os rituais da empresa, para ver se eles são adequados ou se apenas sobreviveram de outros tempos. Em muitas empresas os rituais estão se transformando em algo obsoleto. Pensa-se, por exemplo, que não há necessidade de dispor de tempo para comemorar o aniversário de um colaborador. No entanto, se os rituais se perderem, também a produção da empresa torna-se cada vez menor. Os rituais criam relações, fazem com que os colaboradores se sintam respeitados, percebidos, valorizados. Há ocasiões em que eles chegam a motivar muito mais do que as estratégias motivacionais que aprendemos nos cursos de liderança. Conheço o gestor de empresa que, no aniversário de todo e qualquer colaborador, escreve pessoalmente um cartão, desejando-lhe os melhores votos. Quando este colaborador chega ao seu local de trabalho, já encontra flores e um cartão sobre sua mesa. Noutras firmas celebra-se o aniversário convidando os colaboradores para um café. Esses pequenos rituais estabelecem laços entre as pessoas, gerando um clima de amor ao trabalho.

Em muitas empresas os rituais perderam totalmente sua força; por exemplo, a celebração do Natal. Quando os funcionários já não sentem prazer algum em participar dessas ocasiões, é sinal seguro de que tais rituais se tornaram inadequados e precisam ser substituídos. Sem essa consciência as pessoas que formam a empresa crescerão em desmotivação.

Mas faz-se necessária uma boa dose de imaginação e criatividade para adequar os rituais às pessoas e fazer com que estas participem com gosto. Um diretor de banco dizia-se muito insatisfeito com a celebração de Natal. Em vez de suprimi-la, pediu novas ideias a alguns colaboradores, para dinamizá-la. Tais convidados acabaram tendo muitas ideias, convidaram outras pessoas e rapidamente montaram uma bela festa. O sucesso dessa festa gerou muita energia nos colaboradores. Uma festa bem-organizada cria mais espírito comunitário do que muitos discursos sobre trabalho em equipe, gerando aumento na produção da empresa.

A perda de si mesmo

Frequentemente líderes empresariais se comparam à *roda dos hamsters*, pois têm a impressão de estarem, muitas vezes, simplesmente rodando em círculos, sem um ponto final. Uma reunião puxa outra, um projeto aciona outro. Por toda parte, quando algo não se desenvolve, eles precisam intervir. Sentem estar sempre em ritmo acelerado, como se estivessem sendo perseguidos. Chegam até a se perguntar: E onde fico nisso tudo? Será que ainda sinto sabor pela vida? Mas eles mesmos constatam que ficam de lado, já não contam.

Aquelas pessoas que possuem uma postura responsável certamente não podem satisfazer todas as suas necessidades. Assumimos responsabilidades pelos outros, e isso acaba sendo também expressão de uma postura espiritual: Eu estou aqui para servir os outros. Renuncio a muitas coisas que poderia imaginar como algo bom para mim, e o faço conscientemente. Mas também aqui é preciso usar de bom-senso. Se unicamente sirvo as outras pessoas, sacrificando-me por elas, então, exercendo meu papel como sacrifício, não permito que elas vivam sua própria vida. Se é mero sacrifício, imponho um ânimo agressivo que paralisa as outras pessoas. Eu só posso servir aos outros de maneira correta quando também me relaciono comigo mesmo de modo correto; quando não projeto minhas necessidades reprimidas sobre as outras pessoas. E porque me trato de modo duro, também o faço com os meus colaboradores.

Não se trata simplesmente de relacionar comigo mesmo de modo correto e, por extensão, utilizar esse procedimento no convívio com as pessoas. O próprio São Bento já escrevia ao Papa Eugênio, que lhe chamava a atenção por meio de ofício: "Permita-te viver tua vida!" Demonstrou ao Sumo Pontífice que exigindo demais de si mesmo nada mais fazia do que distanciar-se de si e de seus próprios sentimentos. Podemos proporcionar a nós mesmos umas boas férias, um bom jantar, um bom final de semana. O que importa realmente é permitir-se viver, entrando em contato consigo mesmo. Mas como se dá isso?

Existem exercícios muito simples para se aprender a estar-junto-a-si-mesmo. Faz-se uma pequena pausa no meio do torvelinho dos afazeres para sentir a própria respiração, como o ar entra e sai dos pulmões. Ao percebermos nossa respiração também percebemos a nós mesmos. Voltamos conscientemente a atenção da cabeça para o corpo – ela está sempre inquieta, sempre pensando em mil coisas ao mesmo tempo. Mas quando presto atenção em minha respiração, tomo consciência de minha cabeça, acalmando-a; tomo contato comigo mesmo e aos poucos acalmo todo o meu ser.

Um outro recurso é nos tocar, sentando-nos tranquilamente e colocando uma mão sobre o coração. Posso então observar quais sentimentos vão surgindo em mim, e pergunto: Qual o desejo que está escondido nesses sentimentos e pensamentos? O desejo conduz-me para um repouso interior. Esse recurso pode ser utilizado até mesmo durante uma reunião. Quando percebo estar sendo influenciado pelas expectativas ou emoções dos outros, basta juntar as mãos, fazendo "que uma perceba a outra". Então, os ataques dos outros perderão o poder que exerciam sobre mim e tenho possibilidade de ouvir interiormente o que gostaria realmente de dizer. O estar em contato comigo mesmo me liberta da fixação das expectativas e da pressão que eu próprio me imponho.

Existem muitos outros meios de estar consigo mesmo. Para muitas pessoas, um ótimo recurso pode ser um passeio ou uma escalada. O esforço exigido nos faz sentir bem. Suamos, cansamos, mas isso nos ajuda a libertar dos problemas e preocupações do trabalho. Outros, ainda, ao frequentarem sauna, deixam sair de si, juntamente com o suor, tudo o que os prejudica interiormente, libertando-os. Há também aquelas pessoas que, fazem uso do passeio diário com o cachorro para se sentirem livres.

A culpa e os sentimentos de culpa

a) As dívidas materiais[1]

Um consultor administrativo de sucesso, na euforia de ter entrado em um novo mercado, fez um grande empréstimo para adquirir ações. Mas depois de algum tempo o valor das ações despencou. Esse homem, que sempre se orgulhava do sucesso obtido em seus empreendimentos, ficou enterrado em dívidas. Nos primeiros tempos de crise não admitia seu fracasso diante dos amigos e não continha seus gastos. A continuidade do insucesso financeiro deixou o executivo desorientado, chegando a recusar os convites de lazer.

Frequentemente presencio situações como essa. Pessoas habituadas ao constante sucesso perdem a noção de medida e desabam na ruína. No entanto, nem sempre a culpa pode ser atribuída à pessoa. Exemplifico com o caso de uma pessoa que, por exemplo, financia a construção de sua nova casa, baseando-se em seu salário, e logo depois fica desempregada. Isso gera um caos em sua programação, impossibilitando-a de honrar o pagamento das prestações. Diante disso é preciso buscar outra alternativa para sair do impasse. Se não conseguir outro emprego que lhe possibilite continuar pagando mensalmente o financiamento, a casa precisará ser vendida. As pessoas precisam se endividar sempre mais para pode-

---

[1] Chama-se a atenção aqui para o uso alemão da palavra *Schuld*, que tanto significa *culpa* quanto *dívida* [N.T.].

rem se manter, e tais dívidas tiram a paz interior. A dificuldade é ainda maior quando o endividamento chega a pessoas que sempre foram bem-sucedidas financeiramente, que diante do fato sentem-se perdedoras e fracassadas. Já não têm certeza de poder "atravessar o mar de dificuldades" e muitas pessoas entram em pânico. Há aqueles que absolutizam o controle de seus gastos, economizando centavos. Tais dificuldades financeiras têm o poder de prejudicar até mesmo a família do executivo, roubando dela a alegria. Outros, ainda, "enterram a cabeça na areia", não querendo admitir o insucesso financeiro. No entanto, é preciso adquirir uma boa dose de humildade e honestidade para reconhecer as dívidas contraídas. Uma coisa é certa: somente quem aceita sua situação precária com boa dose de serenidade encontrará meios de superá-la. O primeiro passo a ser dado deveria ser uma análise profunda da situação, por um especialista no assunto. Assim, seria possível considerar as medidas necessárias para o escalonamento das dívidas.

Constantemente me encontro com pessoas que não conseguem equilibrar sua situação financeira. Elas não têm noção de limite, gastando além do que sua receita pode suportar. Tal desequilíbrio pode ter uma causa maior: compulsão por comprar. Os escritórios especializados em resolver problemas de endividamento estão superlotados, tamanha é a quantidade de pessoas que necessitam de ajuda. Mas é preciso, antes de tudo, uma boa dose de humildade para procurar o conselho de especialistas. Muitos só o fazem quando não veem solução para sua vida financeira. Para não chegar a situações desse tipo as pessoas precisam estabelecer um plano financeiro que equilibre receitas e despesas, e ser fiel a ele.

b) A culpa ou dívida pessoal

Queiramos ou não, quando assumimos responsabilidades nos envolvemos em dívidas. Ficamos endividados com a empresa, com os nossos colaboradores. Não temos o tempo necessário para nos preocupar individualmente com cada colaborador e podemos ser injustos com eles por não conhecer sua situação. Mesmo que não tenhamos culpa pessoal em relação a situações difíceis, acabamos nos sentindo culpados. Quando alguma coisa sai errada na empresa, quando malogra um contrato, acabamos corroídos pelo sentimento de culpa. Atribuímo-nos culpa porque a empresa não vai bem ou por termos deixado escapar uma chance importante.

À primeira vista, os sentimentos de culpa são desagradáveis, nos paralisando, golpeando permanentemente nosso espírito: "Se eu tivesse pensado antes de agir..." Por que avaliei errado a situação?" "Por que não confiei em minha intuição?" Os ditos sentimentos de culpa tiram o chão de nossos pés, abalam os fundamentos de nossa existência e corroem nossas forças.

É possível agir de várias maneiras diante do sentimento de culpa. Uma delas é o fechamento, com a finalidade de se eximir de toda e qualquer culpa.

Com isso, ficam endurecidas e distanciam-se de seus próprios sentimentos e, aos poucos, já não conseguem manifestá-los, até mesmo no ambiente doméstico. Vivem na superficialidade e não admitem ser interpeladas por nada, chegando a agir injusta e rigidamente com seus colaboradores.

Reprimir os sentimentos de culpa, portanto, é um péssimo modo de nos relacionarmos com ela. De um modo ou de outro esses sentimentos de culpa reprimidos irão se manifestar. O psicoterapeuta Rudolf Affemann relaciona o sentimento de culpa a certos "acidentes de trabalho", como uma espécie de autopunição. Quem reprime seus sentimentos de culpa, muitas vezes acaba involuntariamente se punindo.

Um outro modo de se livrar dos sentimentos de culpa é projetar o erro para os outros e, assim, afastar-se dos seus.

Para podermos reagir de modo adequado aos nossos sentimentos de culpa é preciso, antes de tudo, reconhecer que jamais poderemos estar totalmente livres de culpa. Ninguém jamais poderá passar a vida inteira isento de qualquer responsabilidade de culpa. No entanto, muitas vezes, alimentamos a ilusão de fazermos tudo certinho e de, com isso, jamais ter culpa. Tal ilusão precisa ceder lugar à humildade. Precisamos, com firmeza, reconhecer nossa própria culpa, aceitá-la e analisá-la num contexto mais amplo: com minha culpa, meus erros e minhas fraquezas, eu sou aceito e acolhido por Deus.

Diante de nossos erros não devemos nos recriminar nem nos "desculpar". Quanto mais nos recriminamos, mais nos enfraquecemos. Isso rouba energia, nos conduzindo para a depressão. Conheço colaboradores que praticamente não conseguem trabalhar porque são literalmente torturados por sentimentos de culpa, acusando-se constantemente. Aqueles que se desculpam sempre procuram novos motivos para culpabilizar os outros ou responsabilizar as circunstâncias. Por não serem reais tais motivos precisam, mais cedo ou mais tarde, ser substituídos. A recusa da culpa, o "desculpar-se", rouba muita energia e impede a pessoa de se entregar ao momento presente, enfrentando os desafios.

Na parábola do administrador injusto, Jesus mostra como devemos lidar com os nossos sentimentos de culpa (Lc 16,1-8). Nessa passagem lemos que certo administrador é culpado por dilapidar os bens de seu senhor. Esse é um exemplo para nós, gestores, pois, queiramos ou não, sempre gastamos os bens que constantemente nos são confiados: nossas capacidades, nossa saúde, nossas forças, e também os bens da empresa. Jamais poderemos sair completamente ilesos de qualquer injustiça. O administrador descrito na parábola pensa numa futura ocupação quando perder seu atual emprego, pois já não consegue fazer trabalhos pesados e não gostaria de mendigar, pois isso abalaria sua autoestima.

Diante da culpa, geralmente as pessoas têm duas atitudes: ou se empenham exageradamente ou têm atitude de mendicância, se autodiminuindo. Por um lado, voluntariosamente se impõem, a partir daquele momento, fazer tudo de maneira impecável. Essa atitude as torna cada vez mais empedernidas. Por outro lado, também podem se penitenciar, "vestindo sacos", pelo resto da vida e pedindo desculpa, por assim dizer, pelo simples fato de existirem. Interiorizam de tal modo sua culpa que parecem não ter energia para mais nada.

Uma terceira possibilidade de reparar a culpa, e que foi adotada pelo administrador inteligente, consiste em ver a própria falha como um caminho para se aproximar das outras pessoas. O administrador manda chamar os devedores e abate parte de sua dívida. Toma o único caminho possível: em vez de afastar de si sua culpa, faz uso dela para encontrar um novo modo de se relacionar com as pessoas. Como se ele dissesse: "Eu sou culpado, como vocês também o são. Portanto, vamos dividir nossa culpa, sem nos acusarmos mutuamente. Vamos nos esforçar para aceitar nossas falhas em vez de julgar os outros". Não nos isolemos em nossos sentimentos de culpa, mas utilizemos nossas falhas como oportunidade de nos aproximarmos de nossos colaboradores, tratando-os de maneira mais humana. Então, nossos sentimentos de culpa não irão nos paralisar, mas, pelo contrário, enriquecerão nossa convivência e nosso trabalho.

Quem se deixa atormentar pelos sentimentos de culpa sente-se excluído da comunidade humana.

Quando seus erros se tornam conhecidos de todos, ele evita estabelecer contato com outras pessoas, fechando-se cada vez mais. Jesus nos convida a fazer da culpa uma oportunidade de sermos verdadeiramente humanos entre os humanos e nos encorajarmos mutuamente. Os erros sempre existirão. Eles nos tornam mais humanos e mais misericordiosos uns para com os outros.

c) O perdão

Normalmente somos nossos maiores acusadores, constantemente nos condenando pelos fracassos. Mas só nos livraremos do círculo de nossos sentimentos de culpa quando estivermos dispostos a nos perdoar, o que não é assim tão simples. Só podemos nos perdoar se crermos que Deus já nos perdoou. Ele nos acolhe exatamente como somos, não nos julgando. Mas em nosso interior se esconde um juiz impiedoso; o nosso superego diuturnamente nos julga. O Deus que nos aceita como somos permite que digamos *sim* a nós mesmos e, quiçá, até com nossa culpa.

Mas até mesmo a fé no perdão de Deus não leva muitas pessoas a se perdoarem. Só conseguiremos fazê-lo se deixarmos de lado a ilusão de podermos viver completamente livres de toda e qualquer culpa, agindo sempre de modo perfeitíssimo. Devemos, pelo contrário, reconhecer que somos incapazes de fazer tudo sem cometer uma mínima falha. Em princípio, esse reconhecimento é doloroso, mas nos torna mais humanos. Admitindo ser falíveis aprendemos a nos respeitar, sem querer nos diminuir. Importa, portanto, reconhecer a própria culpa sem perder o respeito por si mesmo. Apesar de minha culpa, sou portador de dignidade inviolável.

Isso gera consequências positivas até mesmo no ambiente de trabalho: um gestor que consegue perdoar a si mesmo será misericordioso também para com seus colaboradores que erram. Mas aqueles que reprimem sua própria culpa são especialmente duros e implacáveis com os erros dos outros. Em lugar de verem sua própria culpa, fantasiosamente criam um ambiente no qual ninguém jamais possa errar, como se uma única e pequena falha levasse a empresa à ruína. Se alguém ousa reconhecer que errou, não se procura compreendê-lo, mas o acusa. Informa-se simplesmente aos colaboradores que eles não podem errar, como se cometer algum erro fosse uma tragédia. Mas, ao contrário, quem perdoou a si mesmo porque sabe que Deus já o perdoou será misericordioso para com os liderados. Como exemplo cito a atitude de um diretor de banco. Um diretor de departamento, por ter aplicado mal uma grande soma, levou o banco a perder cerca de 250.000 euros. Ficou desesperado, imaginando recriminação e punição do seu superior, entregando-lhe a carteira de trabalho antes que ele lhe dirigisse a palavra. Para sua surpresa o superior lhe respondeu: "Agora que investi tanto dinheiro em sua formação, o senhor quer partir?" Nem chegou a mencionar o mal resultado da operação de crédito, mas reinterpretou a ação como um investimento formativo. Quem não reconhece seus próprios erros agiria de modo muito severo com esse colaborador, condenando.

Uma comunidade, um grupo ou um empreendimento só podem subsistir se os seus participantes estiverem dispostos a se perdoar mutuamente. Quem está sempre apontando os erros do outro coloca-se acima deles, criando um ambiente de medo e impiedade. Jesus conhecia essa tática utilizada por certos líderes. Ele contou a parábola de um alto funcionário que devia ao rei 10.000 talentos (Mt 18). Isso representava uma quantia exorbitante; o montante das arrecadações dos impostos na Galileia somava 900 talentos anuais. O funcionário jamais poderia pagar, mas o rei foi misericordioso e perdoou-lhe a dívida. Porém, tão logo se afastou do rei, encontrou outro funcionário que lhe devia a quantia irrisória de 40 denários. Seria como comparar mais ou menos 40 euros com 40.000.000 de euros. Mas, visto que provavelmente não conseguia perdoar a si mesmo, o empregado mandou prender seu colega, até que pagasse toda sua dívida. Isso continua acontecendo hoje nas empresas. Gestões que cometeram grandes erros dificilmente os admitem, mas os pequenos erros dos outros são rigorosamente punidos. E assim forma-se um ambiente desumano, onde "já não ousamos sequer respirar". Mesmo no mundo inflexível dos negócios é preciso usar de misericórdia.

Ela nos vem através do perdão que recebemos de Deus, mas somente se assumirmos tal fato estaremos aptos a perdoar os erros alheios.

Na parábola descrita por Jesus, o funcionário impiedoso acaba sendo entregue às mãos dos carrascos. Jesus conclui a parábola com as palavras: "Do mesmo modo agirá meu pai celeste com cada um que não perdoar, de coração, seu irmão" (Mt 18,35). Diante disso podemos nos perguntar: "Como podemos perdoar de todo coração"? Certamente não basta usar somente a vontade. O coração deve tomar parte. Perdoo com o coração quando reconheço em primeiro lugar a dor e a decepção que o outro me causou. Depois preciso da ira que me distancia do outro. O terceiro passo é a compreensão dos condicionamentos. Por que isso pôde acontecer? E só em quarto lugar vem o perdão, que é um ato de libertação. Enquanto não perdoo o outro estou preso a ele, deixo que exerça influência sobre mim. No perdão, deixo que essa atitude fique com ele. Não mais interfiro nesse processo, largo isso de lado e deixo o outro ser como ele é. Isso me liberta. O perdão mútuo é a pressuposição necessária para gerar um ambiente onde o trabalho se torna prazeroso e onde impera o respeito.

d) O esgotamento e o vazio interior

Muitos gestores reclamam do estado de esgotamento em que se encontram. Um esgotamento que se prolonga por muito tempo pode levar à depressão, que, por sua vez, nos paralisa e priva de todo e qualquer estímulo para o trabalho.

O esgotamento sempre tem duas causas: ou ultrapassamos a medida própria ou bebemos em fonte de águas turvas. Se ultrapassei minha própria medida, preciso perguntar a mim mesmo por que não aceito meu limites. Quero satisfazer a todas as expectativas? Será que quero provar a mim mesmo que posso sobrecarregar-me infinitamente? Tenho medo de, comparado aos outros, sentir-me inferior. Será que não quero fazer com que todo mundo goste de mim? Será que minha necessidade de chamar a atenção não é ilimitada? Quando analisamos melhor nossa falta de medida nos deparamos também com a fonte de águas turvas, por exemplo, a vontade de comparar-se com os outros ou a pressão de ter de satisfazer a todas as expectativas, ser amado por todos.

Quem, ao contrário, bebe numa fonte cristalina pode trabalhar muito, sem por isso sentir-se esgotado. Para mim, uma fonte cristalina é a fonte do Espírito Santo. É uma fonte que me foi doada pelo próprio Deus. É inesgotável. Quando dela bebo, o trabalho flui naturalmente, influenciando também as pessoas ao meu redor e produzindo frutos. A fonte do Espírito Santo pode até parecer a muitas pessoas como algo muito piedoso. Tampouco consigo descrevê-la menos piedosa: ela se expressa em fontes humanas, por exemplo, na fonte da alegria no trabalho, na fonte da confiança para com meus colegas de trabalho, mas também na fonte de uma confiança sadia em si mesmo. Posso também beber da fonte de minha própria força ou da postura de vida que herdei de meus pais. O Irmão Burkard, que dirigiu corajosamente nosso mosteiro na época do Terceiro Reich, e acabou indo inclusive para a prisão, lançava mão do lema que herdara de seus pais: "O ventre se adapta ao que advém". Esse lema deu-lhe forças para enfrentar as pressões do Terceiro Reich e olhar de frente as dificuldades. Qualquer outro teria se deixado paralisar pelas dificuldades exteriores e alimentado o sentimento de que nada poderia ser feito.

Em seu interior, cada um de nós possui fontes cristalinas e sadias, onde pode saciar sua sede. Pode ser a fonte do Espírito Santo, que jorra em todos; podem ser as muitas fontes que descobrimos em nossa própria alma. A psicologia fala hoje de *Ressource*, fontes que cada um de nós carrega consigo. É importante que cada um descubra suas próprias *ressource* para poder delas se abastecer. E aí também nosso trabalho adquirirá uma qualidade própria, a fonte não jorrará apenas em nós mas florescerá ao nosso redor, e pela nossa energia outras pessoas serão influenciadas. Mas para quem se abastece de uma fonte turva muitas vezes seu trabalho adquire as cores de tormento, dureza e agressividade. Não consegue contagiar seus colaboradores, antes paralisa-os ou torna-os insatisfeitos.

Paralelamente ao esgotamento existe o cansaço autêntico. Quando trabalhamos um dia inteiro, nos sentimos cansados. Mas esse cansaço é uma forma de absoluta vitalidade. Sentimos a nós mesmos e estamos satisfeitos. Quando depois do trabalho sinto-me cansado, deito-me na cama por dez minutos, sentindo o peso do cansaço, e aí penso do seguinte modo: trabalhei para Deus e para os homens. E meu cansaço me faz bem, deixa-me em sintonia comigo mesmo. Mas quando estou esgotado, sinto-me vazio e insatisfeito. Estou cansado, mas não consigo dormir. Estou inquieto e não consigo me concentrar, sinto-me excitado e melindroso. Sempre que me sinto esgotado pergunto-me qual foi a fonte de águas turvas em que bebi. Percebo então que fui eu mesmo que me coloquei sob um jugo, querendo satisfazer todas as expectativas. Fico irritado porque não consegui ganhar distância suficiente e dizer "não" quando ainda era tempo. Dei muita importância às circunstâncias que se desenrolaram ao meu redor. Introjetei diversos aborrecimentos. Naturalmente, me sinto esgotado. Mas isso deveria ser uma oportunidade para que eu olhasse com mais cuidado para as fontes em que bebo.

Do fundo de nossa alma jorra uma fonte transparente, mesmo que muitas vezes estejamos dela desligados. Não conseguimos afastar as fontes turvas, mas por elas alcançamos o fundo de nossa alma, de onde brota a fonte de águas cristalinas.

O trabalho, por si mesmo, não esgota ninguém. Quando sentimos prazer no que estamos fazendo, podemos trabalhar muito sem nos sentirmos esgotados. O que conduz ao esgotamento é a tensão imposta por nós mesmos ou que permitimos que nos imponham. Nesse caso, é preciso que eu analise essa tensão: Por que me coloco sob tensão? Quero mostrar-me diante de quem? Ou de quem gostaria de esconder minhas limitações? A quem concedo poder sobre mim? Ao fazermos essas perguntas conseguimos relativizar essa tensão, entrando em contato conosco mesmos. Podemos imaginar que dentro de nós há uma fonte inesgotável, por ser divina. Então a pressão se desfaz, retiramos o poder da agressividade que nos rodeia, deixando que os outros fiquem com sua insatisfação. Nessas situações, é muito importante interiorizar-se por um minuto, ouvir o nosso interior, e a paz logo retornará.

Algumas fontes de águas turvas são o perfeccionismo, a ambição, a vontade de satisfazer todas as expectativas, de ser amado por todos. Muitas fontes turvas provêm de nossa própria história de vida. Contava-me uma mulher que, quando jovem, sentia-se sempre pressionada por ter de mostrar a seu pai que podia produzir tanto quanto suas três irmãs. Ao longo dos anos essa pressão sempre retornava e ela acabava sobrecarregada.

Um homem, quando criança, sofreu com os constantes conflitos entre seus pais. Ele tinha medo de que seus pais pudessem vir a separar-se e deixá-lo sozinho. Assim, em cada novo conflito com que defrontava na idade adulta, ressurgia nele o medo que tivera quando criança, roubando-lhe toda e qualquer energia.

Há pessoas que gostam de conflitos. Crescem em meio a conflitos e sentem prazer em solucioná-los. Esses bebem de outra fonte. No entanto, sua fonte não é mérito seu; aprenderam de seus pais um modo diferente de lidar com as adversidades. Para seus pais, os conflitos faziam parte da vida. Eles estavam aí para serem resolvidos. A pessoa que pode beber dessa fonte não irá perder energia com os conflitos, mas, ao contrário, recobrar forças. Não conseguimos escolher o modelo de vida que herdamos, mas se o reconhecermos, olhando por entre a fonte turva, podemos descobrir em nós a fonte transparente. Basta penetrarmos em nós mesmos e aprofundar-nos o suficiente. Sob a fonte turva jorra em nós também a fonte transparente do Espírito Santo.

O próprio São Bento já exortara que o ecônomo deveria tomar cuidado com sua própria alma. Toda manhã, quando me dirijo para o trabalho, costumo me perguntar se faço isso por prazer ou por obrigação. Sinto medo diante dos problemas que me aguardam no dia de hoje? Tenho medo de um ou outro colaborador, de conversas difíceis que me aguardam? Ou será que meu corpo não se rebela diante de tanto trabalho que me espera no dia de hoje? Todos esses sentimentos têm o direito de existir, mas devo ter ciência deles, tomando uma posição. Ao perceber que me sinto forçado a ir trabalhar, uma atitude possível seria: preciso proporcionar a mim mesmo mais tempo livre. Hoje vou sair um pouco mais cedo do trabalho e dedicar um pouco de tempo para mim. Preciso mudar de atitude. Quem sabe se o que estou sentindo queira me mostrar que acabei concedendo muito poder aos outros. Quem sabe não absorvi em mim, demasiadamente, a insatisfação de meus colegas de trabalho? Nesse caso, posso dialogar comigo mesmo: eu trabalho porque quero. Trabalho porque estou a serviço de Deus. Não sou responsável pela insatisfação de pessoas divididas, posso muito bem deixá-las de lado. Não são poucas as vezes que percebo que a negatividade das outras pessoas me perturba. Em tais ocasiões reservo uma pequena parcela de tempo para me reequilibrar. Busco dar novo sentido a esse ânimo com a oração de Jesus, a fim de que minhas emoções fiquem mais claras e eu possa ir para o trabalho com clareza de espírito e em paz.

Quando sinto que algumas conversas me causam medo, peço para que Deus as abençoe. Reconheço para mim mesmo que não posso resolver esses problemas. A única coisa que posso fazer é manter-me calmo ao ir aos encontros, livre de preconceitos e tensões, confiando que as soluções irão aparecer. Então se desfaz o peso que me afligia, liberto-me da tensão de ser obrigado a resolver todas as coisas, de que preciso cuidar de tudo pessoalmente, e vou para o encontro tranquilo. Em casos como esses é comum eu experimentar que o diálogo foi melhor do que imaginei. Quando estou tranquilo, passo isso aos outros, cria-se um clima descontraído. Ao contrário, quando estou sob pressão, as outras pessoas absorvem isso e procuram se proteger. E a conversa começa num emaranhado de contrariedades ou tentativas de barrar novas ideias. Mas não basta apenas uma postura de tranquilidade interna. É necessário, em última instância, colocar o amor como fonte primeira de meu fazer. Quando nossos colaboradores têm o sentimento de que alguém gosta deles, se dispõem a participar abertamente da conversa, usando sua imaginação e criatividade em prol da empresa.

É muito importante para mim, quando me encaminho para o trabalho, entrar em contato com minha fonte cristalina. Quando faço isso, o trabalho se torna menos opressivo. Justamente quando tenho muitos compromissos, imagino que dentro de mim existe uma fonte. Isso é um ótimo recurso, e digo para mim mesmo: "seja como for, não consigo resolver tudo de uma só vez. Vou procurar manter-me bem sintonizado comigo mesmo e com minha fonte interior. Isso vai me mostrar o que pode e o que não pode ser feito". Esse recurso desfaz em mim toda a tensão que existia. É comum nesses casos as coisas andarem de maneira bastante leve, e o dia correr muito melhor do que eu próprio imaginava. Mas é igualmente importante, à noite, depois do trabalho, observar como me sinto. Se descubro que em meu interior ainda existe irritação ou insatisfação, necessito tomar providência. Caso contrário, esses fatores vão se sedimentando em minha alma e a camada de pó dos sentimentos reprimidos torna-se cada vez mais densa, separando-me dos meus próprios sentimentos.

Por isso, faço uso da irritação e do esgotamento para tentar alcançar minha fonte interna. E o faço imaginando que a água fresca e cristalina lava o pó que se assentou em minha alma, limpando-a de toda perturbação.

Assumir responsabilidades e tomar decisões

Como suportar situações difíceis

A responsabilidade e a prestação de contas

No mundo dos negócios, encontro pessoas com uma consciência de responsabilidade ética muito elevada. No entanto, às vezes, por causa de sua exigência ética, entram em conflito com a gerência de empresas ou com outros colaboradores. Caso insistissem em defender realmente sua opinião, eles seriam simplesmente deixados de lado e nada significariam. É comum essas pessoas terem a impressão constante de que o ambiente de trabalho e a postura espiritual de muitos gestores estão contra elas. Em casos assim é muito comum pensarem em mudar de emprego. Mas em certos casos isso é praticamente impossível, porque elas estão profundamente envolvidas com a empresa ou porque a sua idade seria impedimento de conseguir um novo emprego. Mas realmente há necessidade de permanecerem nessas empresas obrigadas, contrariadas? O que podemos responder? Qual a resposta que daremos à nossa própria concepção de vida e à nossa fé?

Em primeiro lugar, eu procuraria manter fidelidade ao meu sistema de valores, mas mudaria meu modo de considerar as coisas em relação à empresa e sua gestão. Eu diria a mim mesmo: "permaneço aqui, firme, em minha postura. Mas, justamente por isso, posso também empreender alguma coisa. Quem sabe aos poucos aconteça algo novo. No mínimo, posso conduzir de modo diferente meu âmbito pessoal, pelo qual sou responsável, gerando ali um ambiente humano. Quem sabe esse ambiente não possa servir de fermento que aos poucos vai se espalhando por toda a empresa. Assim, apesar de permanecer na empresa, aprendo a ficar mais perto de mim, mesmo que os ventos não soprem a meu favor. Isso representa um desafio humano e ao mesmo tempo espiritual que assumo comigo mesmo". Com essa postura é possível viver tranquilo dentro de uma empresa que não compartilha de minha visão de mundo. É preciso confiar que, aos poucos, a verdade irá se impor e que os valores que incorporamos irão influenciar outras pessoas. Para isso é preciso ter paciência e confiar na paulatina mudança de mentalidade dos colaboradores.

É claro que essa tentativa de mudar de atitude e procurar fazer o melhor que se pode tem seus limites. Um limite importante é mostrado pelo próprio corpo. Quando meu corpo começa a reagir com doenças, ou quando minha psique começa a se rebelar, então preciso me perguntar se realmente conseguirei permanecer na empresa. De modo algum devo simplesmente adaptar-me e submeter-me, pois não é nada fácil viver com a cabeça sempre baixa.

Um outro limite pode ser percebido em nossa psique: quando alguém se dirige ao trabalho sem ânimo, deve levar esse fato a sério. Podemos tentar transformar essa contrariedade em energia para sustentar nossa família. Mas se a contrariedade se tornar muito grande, precisamos medir as consequências e quem sabe procurar outro emprego. Supondo ainda que isso seja absolutamente impossível, então deveríamos nos proteger buscando nosso interior. Isso significa que continuamos a trabalhar do melhor modo possível, mas não concedemos mais poder ao ambiente que nos circunda, que é o responsável pelo nosso adoecimento. Em casos como esse, temos mais responsabilidade em relação ao nosso equilíbrio interno do que em relação à empresa, que não nos leva a sério. O próprio São Bento instigava os colegas monges a se lembrarem que no juízo final haveria prestação de contas do que se fez. Para nós, hoje, isso tem um significado muito estreito. No entanto, com essa exortação podemos aprender de fato a sermos autênticos e, acima de tudo, seguir nosso caminho com sinceridade, sem precisar abdicar do que acreditamos ser verdadeiro e sem nos adaptarmos às opiniões alheias. E, em última instância, é preciso que nós nos encaremos diante do espelho, ou seja, se vivemos esquecidos de nossa própria verdade, a vida acaba se tornando difícil e pesada para nós.

Muitas vezes o que prostra uma pessoa não é o ambiente da empresa, mas determinado superior. E os maiores desafios surgem quando esse superior sofre com certos complexos de inferioridade. Nesses casos, é comum que ele procure diminuir todos os outros colaboradores e mantê-los sempre nessa situação. Em todas as ocasiões, esse superior irá menosprezar e combater sobretudo aqueles que se contrapõem a ele. Em última instância, é o medo de sua própria inferioridade que leva tais superiores a usarem seu poder de modo equivocado. No entanto, não devemos atribuir culpa apenas aos superiores; trata-se de uma moeda de dois lados: um que procura diminuir, e outro que se deixa diminuir. E isso é o que jamais deveríamos permitir que nos acontecesse. Num caso assim, o primeiro passo a ser dado seria distanciar-se interiormente desse superior. Dizemos a nós mesmos: "Como ele deve sentir-se pequeno para precisar menosprezar sempre os outros! Como pode ser tão imaturo a ponto de portar-se assim tão agressivo!" Com isso, tiramos o poder que este superior detinha sobre nós e nos protegemos dele. Observamos o outro como que numa peça de teatro e procuramos compreender o que se passa com ele; mas não devemos deixar-nos envolver no drama e submeter-nos a certas imposições. Importa nesse caso subtrair-se do poder do outro e deixar que sua atitude transcorra no vazio. Chegará o dia em que ele próprio irá perceber que seu jogo não tem mais influência, não encontra ressonância. Com o tempo, esse jogo fica enfadonho e pode ser que ele próprio acabe desistindo desse artifício e o deixe de lado.

Num segundo passo podemos pensar num modo de ajudar esse superior, tão enfronhado em sua grandeza e competência, a sair de seu comportamento ridículo. Se ignorarmos seu comportamento imaturo e lhe transmitirmos confiança, pode chegar a hora em que já não precise portar-se de maneira arrogante. Em todo caso, não se trata de ser condescendente, pois nesse caso iríamos nos sentir como perdedores. A confiança só pode ser transmitida a partir de uma postura de fortaleza, a fim de que aos poucos comece a se desenvolver um bom relacionamento. Mas também aqui existem limites. Há superiores que preferem se esconder atrás de seu poder, arrastados pelo medo constante de não serem tão grandes como imaginam. Se nos submetermos a um caso destes, dificilmente teremos alguma chance, e aí precisaremos nos proteger ou então pedir demissão. Todavia, ninguém precisa submeter-se a um superior imaturo que usa de deslealdade a toda hora. Não é porque fracassamos que assumimos essa postura, mas antes porque respeitamos a nós mesmos.

Contrariar um superior que sofre de complexo de inferioridade ou criticar seu comportamento jamais foi uma atitude inteligente. Isso só serviria para instigá-lo a impor seu poder, a fim de calar quem o critica ou transformar num inferno sua vida dentro da empresa. Não vale a pena começar uma guerra por um instante de poder. Só poderemos nos livrar de seu poder se não levarmos em conta seu comportamento. Mas, para isso, é preciso ter um pouco de força agressiva. A agressão serve para proteger os limites próprios. Mas nesse caso é muito importante não julgar o outro. Antes, ajo aqui como Jesus ao olhar para os fariseus que queriam atacá-lo, cheio de ira e de tristeza por causa da dureza de seus corações (Mc 3,1-6). *Ira*, nesse contexto, não quer dizer que Jesus tenha explodido. Quem explode deixa que os outros ditem as regras do jogo. Jesus, ao contrário, impôs limites. É como se ele dissesse a si mesmo: "Tua dureza de coração está sempre contigo. Não vou te acusar por isso, mas deixo-a ficar contigo. Ela é problema teu". Essa ira cria distância para com os outros. Em Jesus, porém, ela tem ligação com a tristeza. No grego aparece a palavra *syllypousthai*. Significa: sentir com, estando junto do outro, sentir a tristeza. Jesus sentiu com o homem que possuía um coração duro, "sem vida". Como se mostra um coração duro? Apesar de seu sentir junto com o outro, Jesus não consegue conquistar os fariseus, duros de coração. Mesmo assim, fez o que julgava ser direito, curando o homem da mão ressequida. Mas nem por isso conseguiu mudar os fariseus. Ao contrário, eles se retiraram e decidiram matá-lo. Quando falo sobre esse problema com gestores, eles costumam me responder que não suportariam simplesmente proteger-se, recolher-se ou contrapor-se. Pois acham que com isso estariam destruindo sua própria carreira. Mas, sob essas condições, será que se deve continuar incondicionalmente pleiteando subir os degraus da carreira? Essa é a questão. Se a pessoa achar que sua retidão interior for mais importante do que a carreira, então o medo das consequências exteriores não pode paralisá-la. Todavia, nem sempre os prejuízos se fazem sentir só na própria carreira, é comum também a perda do emprego. Então esse argumento deve ser tomado bem mais a sério, e é aí que muitas pessoas acabam se submetendo. Mas nem por isso tornam-se felizes. A pergunta é: Como sair desse dilema?

Para muitas pessoas, emigrar para dentro de si mesmo é a única possibilidade que resta. Mas, ao fazer isso, sentem-se tolhidos em sua criatividade, não abdicam de sua carreira, mas de sua vitalidade. Só conseguiremos permanecer junto a nós mesmos e às vezes contrapor-nos a nosso superior se confiarmos nessa capacidade de aprender. Se não deixo que o medo me paralise diante de sua reação, mas "fico na minha", centrado em mim mesmo, então sinto-me livre na relação com ele. O que ele vai fazer com isso é problema seu. Se ele reagir de modo imaturo, com sentimento ferido, eu não tenho nada com isso. Caso ele fique irado, preciso me afastar e me proteger. Se chegar a esse ponto, já é tempo de procurar os meus direitos. Mas se mesmo isso não for possível, então devo procurar por companheiros dentro da empresa para, juntos, refletirmos e levar a coisa adiante, ou então em algum momento saltar fora do sistema doentio que esse superior construiu ao seu redor. Posso também exercitar minha paciência, procurando pensar que mesmo esse superior não permanece eternamente aí. É muito importante confiar na força do bem, pois as coisas podem mudar. Pelo menos, deveríamos ter presente que na empresa existem também pessoas inteligentes, com as quais podemos conversar abertamente e analisar objetivamente a situação. Esse contato permite esclarecer e decifrar muita coisa e melhor suportar o tempo de permanência na empresa.

O tomar decisões

Todas as pessoas que assumem lideranças precisam tomar decisões. Devem decidir entre diversas possibilidades. E muitas vezes não se sabe qual é o caminho correto. Não é possível prever de antemão como serão as condições reais daqui a dez anos. Quem decide contratar um colaborador é obrigado a recusar outros pretendentes. E jamais podemos ter certeza absoluta de nos termos decidido pelo colaborador mais capacitado.

Um empresário encontra-se muitas vezes diante de decisões a tomar, como, por exemplo, se deve investir na empresa ou diminuí-la, se deve admitir ou demitir colaboradores. Deve decidir quais os produtos que irá fabricar e como reagir frente à situação do mercado.

O gestor de finanças deve decidir como empregar o dinheiro, se investe em letras de câmbio, em que mercadoria ou em que ações ele vai investir. Também ele não tem qualquer garantia de tomar a decisão acertada.

Muitas pessoas sofrem demais para tomar decisões, pois têm medo de fazê-lo de maneira incorreta. Quando voltam para casa, não conseguem desligar-se do problema. Sua cabeça está sempre cheia de "minhocas", sem saber se tomaram a melhor decisão e quais serão suas consequências. Quem arrasta consigo esse peso interior é incapaz de manter um diálogo real e efetivo e dificilmente consegue dedicar-se inteiramente às pessoas de seu círculo: amigos, família etc. Seus próprios pensamentos ocupam todo seu tempo.

Na verdade, não existem receitas prontas que nos ensinem como tomar decisões acertadas; mesmo assim, gostaria de fazer algumas sugestões para melhor lidarmos com essas questões.

Em primeiro lugar, é preciso reconhecer exatamente que não existem decisões absolutamente certas ou erradas. Muitas pessoas, quando precisam tomar uma decisão, quebram a cabeça, querem reunir todas as informações importantes e avaliá-las minuciosamente. Gostariam de tomar a decisão absolutamente correta. Mas algo absoluto pertence apenas e somente a Deus. Tudo que fazemos é relativo, e isso vale, obviamente, também para as decisões. Quando me liberto da tensão de ser obrigado a tomar a decisão correta, tenho condições de me dedicar com tranquilidade à atividade que estou executando.

É prudente, obviamente, reunir informações importantes para facilitar a tomada de decisão, mas sem extremismos, próprios dos perfeccionistas. Estes não se cansam de reunir informações e isso acaba atrasando cada vez mais a tomada de decisão. A não tomada de decisão é uma das piores coisas que podem acontecer numa empresa. A não decisão paralisa; a decisão traz luz e energia.

Um gestor me revelou que sempre que seguia sua intuição a decisão tomada era acertada. Quando deu ouvidos aos muitíssimos argumentos objetivos a decisão foi péssima: o colaborador tornou-se um criador de dificuldades. Suas capacidades eram anuladas diante de sua imaturidade emocional.

Muitas pessoas têm medo que suas decisões possam ser alvo de crítica. Mas isso faz parte da vida. Precisamos conviver com a relatividade de nossas decisões, conviver com o fato de que as pessoas podem nos criticar e apontar nossos erros. Quem não se sujeita à possibilidade de errar não realiza a contento o que lhes compete, pois não têm coragem de ousar. Gestores com essa mentalidade sempre giram em torno de certezas, não sendo livres para conduzir seus colaboradores a novas atividades.

Toda nova tomada de decisão acena para a incerteza. Por isso é preciso ter confiança que tudo sairá bem. Penso que tal confiança não se limita unicamente à competência humana, mas está calcada em Deus.

Tomamos certas decisões com base na escuta de nossos próprios instintos. São as decisões rápidas. Em geral, todo e qualquer colaborador gosta dos superiores que conseguem tomar decisões claras e rápidas. Isso incentiva sua colaboração. Mas também existem aquelas decisões que exigem um processo lento e demorado. No mosteiro, num curso de lideranças, ao discutirmos sobre as estruturas de decisão na comunidade monacal, o abade relatava que jamais admitia ficarem os monges discutindo acerca de opiniões. Quando constatava a existência de muitos votos contra o projeto em discussão, protelava a decisão, reunia pequenos grupos e colocava em discussão as questões controversas. Duas semanas depois podia-se então tomar a decisão com bastante tranquilidade. Uma disputa de opiniões sempre tem perdedores, e quando sua frustração é muito grande acaba despertando agressividade, que pode manifestar-se depois em forma de sabotagem ao projeto. Isso era algo totalmente novo para os representantes das empresas. Eles achavam que suas decisões deveriam ser tomadas sempre sob pressão. Mas é justo isso que depois pode vir a criar retaliações, o que acaba gerando muitos custos.

O que importa, falando mais propriamente, é manter sempre uma medida correta. É muito comum que a incapacidade decisória dos perfeccionistas irrite os colaboradores. Não se pode esquecer, porém, que a não polarização é ótima conselheira: decisões proteladas geram perda de dinheiro; decisões atropeladas pela pressa são danosas quando precisam ser revistas com cuidado. É preciso ter muito bom-senso para ver onde podemos rapidamente tomar uma decisão ouvindo nossos próprios instintos e onde precisamos gastar mais tempo. Às vezes, adiar a decisão para o dia seguinte é um ótimo recurso, pois o sonho pode ajudar a decidir. Muitas pessoas têm sonhos tão nítidos que, na manhã seguinte, sabem exatamente que decisão devem tomar. Outras pessoas, talvez, não se lembrem de seus sonhos, mas na manhã seguinte têm mais clareza sobre o assunto.

Quem se decide por algo, certamente deixa de lado outras possibilidades. Para muitas pessoas, isso é uma tarefa difícil. Toda decisão é, de certa forma, ruptura com aquilo que não foi escolhido. Não podemos fazer tudo ao mesmo tempo e nem atender a todos. Com uma decisão, abro uma porta, mas fecho outra. Não faz nenhum sentido, portanto, depois da decisão tomada, voltar a questioná-la, olhando constantemente para as possibilidades não escolhidas, imaginando que se a decisão fosse por outra coisa poderia ser melhor.

Devemos fugir desse mecanismo, pois é perda de energia. A decisão tomada foi, em última instância, a melhor opção no momento.

Se por um motivo ou outro ela não se revelar a melhor, seremos alvo de críticas. Mas isso não pode ser considerado tão ruim assim. Isso revela que posso me enganar como qualquer outra pessoa.

Uma coisa é certa, é prudente evitar voltar atrás depois da tomada de qualquer decisão. Pelo contrário, deveríamos concentrar todas as nossas energias em prol dela. Quando o que decidirmos sofrer forte oposição dois caminhos se abrem: ou a possibilidade de tomarmos outra decisão ou levar a que tomamos até às últimas consequências.

Há decisões que são corretas apenas por um curto período de tempo, depois precisam ser modificadas, o que é absolutamente normal. Muitos não suportam rever sua decisão. E, no entanto, a decisão não precisa ser declarada péssima somente porque alguém espalhou negatividade sobre ela. O importante é tomar decisões com clareza, seguindo-a em clima de tranquilidade.

No mosteiro, eu cuido das finanças. Em assuntos de dinheiro, jamais tenho a garantia de ter tomado a decisão correta. Ninguém pode dizer de antemão se essa ou aquela ação irá subir ou despencar de preço, como será o curso da cotação do dólar em três anos e se esse empréstimo será seguro. Onde há risco, há também perda. O decisivo é o que resulta depois de anos. Para mim, é muito importante confiar nas decisões tomadas. Se as preocupações financeiras são companheiras inclusive na hora de minhas orações, percebo que algo está errado. Não posso permitir que minhas decisões me persigam em todas as horas. O que realmente importa nessa matéria é tomar uma decisão e depois deixá-la de lado, se encaminhando na direção certa.

Entregar minhas decisões nas mãos de Deus é um ótimo recurso para mim. Quando faço minhas orações, digo a Ele: "Decidi do modo que achava ser correto. Não sei como isso irá se desenrolar, mas confio que farás o melhor da decisão que tomei. Seja feita a tua vontade". Essa oração me livra do peso que até então carregava. Não assumo a responsabilidade por todos os acontecimentos. Mas deixo para Deus a condução de tudo. Não irei aprimorar uma decisão tomada se a toda hora fico pensando nela. Uma decisão que, objetivamente falando, não foi a melhor, quando colocada em prática, Deus também pode fazer que ela tome um bom rumo. A confiança proporcionada pela oração nos liberta da preocupação pelas decisões que precisamos tomar e por suas consequências. A confiança gera tranquilidade e liberdade interiores. Ela nos liberta para nos entregarmos totalmente ao que estamos fazendo no momento: com a família, com os amigos etc.

O sucesso e o fracasso

Em muitas empresas os gestores costumam ouvir que um bom líder sempre alcança sucesso. Existem até aqueles que pensam que é possível programar o sucesso, bastando pensar positivamente. Mas a verdade é que sucesso e fracasso são faces de uma mesma moeda.

Para mim, o que caracteriza um bom líder é que saiba como lidar tanto com o sucesso quanto com o fracasso. Em meus negócios objetivei sempre o sucesso, mas tive que contar também com fracassos. Por exemplo: empenhei-me com muito entusiasmo na construção de um biogás. Ele já não funciona, pois não há investimento na criação de vacas e porcos, condição para que o liogás funcione. Ganhei muito dinheiro, mas também perdi. É claro que posso dizer para mim mesmo que, em última instância, o que importa é alcançar um sucesso duradouro, mas para isso devo contar também com os fracassos. O dinheiro não cresce em árvores, em nosso bolso.

Certa vez comentei com um banqueiro sobre o meu fracasso com investimentos em prata e sobre a reação negativa de alguns confrades. Então ele me disse: "A vitória tem muitos pais, a derrota só um". A verdade dessa frase eu experimentei com bastante intensidade. Quando alguma coisa sai errada, todo mundo já sabia de antemão o que deveria ter sido feito, mas, quando dá certo, todos acham isso absolutamente natural.

Então perguntamos: enquanto gestores e gestoras, como devemos lidar com o sucesso e com o fracasso? Penso primeiramente que devemos agradecer quando alcançamos sucesso, mas é preciso cuidar para não cair na tentação de se acomodar a ele. Caso contrário, rapidamente o sucesso se transformará em fracasso, e não faremos novos progressos. Também não podemos deixar que o sucesso nos domine. É muito comum eu sentir a tentação de atribuir a mim todo o mérito pelos sucessos alcançados. Se eu cair nessa tentação me colocarei acima dos confrades e colaboradores, e isso não é nada bom. Na prática esforço-me para viver como monge entre monges, sem privilégios, mas, seguidamente sou surpreendido com a ideia de que faço mais do que eles em prol do mosteiro. Se eu alimentar tais ideias impedirei meu crescimento. De fato, acabaria me acomodando no sucesso, e todas as minhas palavras soariam vazias. Simplesmente repetiria a mesma coisa que se transformou em sucesso.

Um confrade contava-me de sua visita a uma comunidade não católica. Conversando com um rico comerciante, este lhe revelou que considerava sua riqueza como um sinal de que sua fé era correta; que Deus lhe seria benigno porque acreditava nele. É preciso nos acautelar desse tipo de fé, pois prega que Deus estaria somente ao lado dos bem-sucedidos financeiramente. Pessoas que pensam como aquele comerciante dificilmente conseguem ver que seu sucesso se sustenta às custas de outras pessoas. Eles não têm olhos para ver os fracassados, pois pensam que o fracasso é sempre decorrência de culpa pessoal. Esse modo de pensar não condiz com a Sagrada Escritura, que mostra Jesus perto dos pobres e marginalizados, considerando-os bem-aventurados, não os ricos.

De um modo geral, atualmente, não se liga o sucesso à pureza da fé. Apesar disso, ainda há gestores bem-sucedidos que sustentam sua vida somente no sucesso, ignorando princípios éticos. Isso é perigoso, pois há busca do sucesso em prejuízo das outras pessoas e da ética. Nesse sentido, C.G. Jung chegou a afirmar que o grande inimigo da mudança é uma vida de sucesso. Quem se acostuma ao constante sucesso não sente necessidade de se transformar. Desse modo, humanamente falando, permanece estacionado. O resultado é um homem imaturo, que não tem noção da vida, que jamais tomou contato com sua própria profundidade, e assim é incapaz de compreender as pessoas que sofrem. Quem, por causa de seu sucesso, estaciona interiormente, espalha pobreza e imaturidade interior à sua volta. É dificílimo conversar sobre temas humanos com tais pessoas. Falam superficialmente de tudo, mas nada com maior profundidade, algo que venha do interior. São apenas pessoas de fachada.

O cônjuge de pessoas com esse perfil vive em constante dilema, sofrendo muito. Para pessoas de fora aparenta viver muito bem com a/o esposa/marido, mas na intimidade do lar se mostra intocável, chegando até mesmo a ações primitivas. É ali que ele experimenta seu lado obscuro. Quem somente busca o sucesso, com unhas e dentes, torna-se pessoa "descartável". Quem, pelo contrário, mostra-se grato pelo sucesso obtido, pode desfrutar dele com liberdade, não se tornando seu escravo. Sabe que, em última instância, não é mérito apenas seu, mas sobretudo graça de Deus. Obviamente houve empenho de nossa parte, e o sucesso nos faz sentir recompensados. Na medida em que acolhemos com gratidão nosso sucesso, podemos também deixá-lo de lado, e tampouco temos medo que ele nos conduza ao fracasso como seres humanos.

Uma mulher me contou que não conseguia usufruir de seu constante sucesso porque temia a catástrofe. Dizia não ser possível viver constantemente no sucesso. Isso conduz a pensamentos humanos muito arcaicos. No fundo se baseiam no fato de que os deuses teriam ciúme do sucesso dos homens. Mas isso é uma concepção pagã, não tendo qualquer ligação com a mensagem de Jesus.

Faz parte da maturidade humana administrar o fracasso. Mas nem sempre isso transcorre com normalidade. Há pessoas que responsabilizam seu fracasso somente ao que está fora delas: condições conjunturais ou pessoas. Outras não são capazes de assumir seu fracasso: não o admitem, falseiam sua análise ou minimizam suas consequências. – Isso as conduz ao medo de que poderão ser abandonadas se outras pessoas descobrirem seu fracasso. Há, ainda, aquelas pessoas que reprimem o medo causado pelo fracasso. Mas isso as fará sucumbir.

Ninguém gosta de perder. Quando criança, por exemplo, era muito difícil para mim perder uma partida de futebol. Nosso pai precisava sempre intervir quando nós, irmãos, depois de um jogo começávamos a discutir. Ele sempre procurava nos fazer compreender que a derrota faz parte do esporte. Hoje, quando invisto na bolsa de valores e os negócios não vão muito bem ou quando os resultados do ano não são muito bons, procuro dizer a mim mesmo: o fato de sofrer alguma derrota não irá prejudicar minha imagem. Não sou melhor do que ninguém e tenho meus limites. Muitas pessoas profetizaram a meu respeito, dizendo que tudo que faço possui um risco muito alto e que certo dia poderia sucumbir. Imagino então fazer como Aléxis Zorba, que ao estourar seu trem cargueiro dançava *Sirtaki.* Se consigo isso não sei, mas mesmo assim essa imagem liberta-me do medo de que algo possa dar errado. O que não significa que não levo em conta o risco. Sei que o mais importante não é o resultado aparente, mas que Deus mantenha sua mão estendida sobre mim.

Pode ser que um fracasso pessoal represente um grande sofrimento a um gestor, por exemplo, mas quando esse fracasso atinge muitos colaboradores, colocando em perigo seu emprego, então não está mais em questão apenas a imagem desse gestor mas de sua responsabilidade pelos outros. Ninguém poderá desfazer-se facilmente dessa responsabilidade. Numa situação dessas, não é coisa simples sustentar e responsabilizar-se pelos erros cometidos. No entanto, nem todo fracasso é causado por erros. Muitas vezes é praticamente impossível avaliar todos os detalhes. Não importa se o fracasso é devido a um descuido pessoal ou à situação. É preciso assumir a responsabilidade e admitir o fracasso. Só então é possível encontrar uma resposta adequada à difícil situação que se apresenta.

Enfiar a "cabeça na areia" não é o melhor caminho. Reconhecer claramente a culpa não significa precisar perder o respeito próprio, caso contrário, acabamos perdendo também a força para superar o fracasso. Precisamos ver o fracasso com espírito esportivo, como um tropeço, e, caso não desistamos, no próximo jogo acabamos reconquistando a vitória.

Quem admite abertamente seu fracasso acaba aprendendo com isso. Da próxima vez irá analisar as coisas com mais cuidado, avaliará melhor a situação. Mas aprende sobretudo que o fracasso faz parte da vida. Existem muitas pessoas que passam a vida como verdadeiros espectadores, simplesmente assistindo os outros a lutarem e perder. No entanto, quem se expõe à vida sofre ferimentos, derrotas, e com isso torna-se mais forte e realista. Não fica pintando seu sucesso com belas cores e agarra a vida como ela se apresenta, com seus altos e baixos. É por isso que não sou grato somente aos sucessos, mas também às derrotas. Estas me ensinam a não desistir, a reerguer-me sempre de novo. Obrigam-me a testar melhor se minha motivação é autêntica ou se não acabaram intervindo também outras motivações.

Em sua parábola sobre a videira, Jesus disse: "Quem permanecer em mim e eu nele, este dará muitos frutos; pois separados de mim não podereis gerar nenhum fruto" (Jo 15,5). Esta palavra de Jesus também pode ser empregada no trabalho. Quando colho apenas fracassos e não gero nenhum fruto, então, no mínimo, devo perguntar-me se estava aberto ao espírito de Jesus ou se não estava tomado por um falso espírito. Dito de outro modo: agi a partir de minha relação com meu verdadeiro eu, o Si-mesmo, ou me deixei conduzir por meu ego, voltado apenas para mim mesmo e acomodado. Quem trabalha de modo autêntico a partir de seu ser mais profundo – como promete Jesus –

gerará muitos frutos. Se por acaso experimentar alguma derrota, não ficará abalado em sua estrutura. Compreenderá seu fracasso como um modo de purificação. Jesus fala de Deus como de um vinhateiro, que poda a vinha para que "ela produza muito fruto" (Jo 15,2). Os fracassos podam a "minha vinha". Mostram que o sucesso não é tudo na vida. Exercendo o comando com espírito de serviço aos colaboradores colherei necessariamente bons frutos, mesmo que as condições econômicas sejam difíceis.

Os conflitos de consciência

Um gestor administrativo de um banco encontrava-se diante de um sério conflito de consciência. O banco aparentava ser conduzido exemplarmente pela ética, mas internamente era agitado justamente pela total falta de ética. Por exemplo: pontos de vista éticos como a proteção do meio ambiente e o incentivo a energias renováveis eram simplesmente ridicularizados; muitos colaboradores eram removidos e despedidos de modo desonesto; pagava-se propina para calar testemunhas indesejáveis; falsificação de balanços para comprovar o sucesso de sua rentabilidade etc.

Num departamento de seguros, certo homem ocupava um alto cargo administrativo e em certa ocasião contrapôs-se a seu superior porque via que este praticava negócios desonestos. O superior não apenas o despediu, mas prejudicou seu ingresso em outras empresas do gênero.

Como agir em tais situações? Devemos revelar a verdade, arriscando ser despedidos, ou será melhor nos adaptarmos? Mas, nesse caso, como fazer para seguir em frente? Não acabamos infelizes?

Muitos colaboradores não se sentem corajosos para denunciar injustiças. Eles têm medo de ser prejudicados. Outros, quando percebem negócios desonestos, optam por se demitir da empresa e são tachados de agitadores, não conseguindo se empregar em outro lugar.

O conflito de consciência pode apresentar-se de diversos modos. Um deles nasce da decisão de seguir cegamente os ditames de sua consciência, combatendo ferozmente tudo o que percebem ser injusto, o que lhes custa o emprego, com prejuízo para a própria família. Outro conflito nasce do fato de que, no embate contra a injustiça, outros colaboradores que inocentemente participaram do fato sejam prejudicados. Outros, ainda, acabam tendo um conflito de consciência quando são obrigados a enganar os clientes através de ofertas enganosas ou sentem-se obrigados a vender coisas sem qualidade anunciada. Sentem-se divididos entre obedecer ao superior e à própria consciência.

A consciência é sempre a norma suprema, deve ser levada em conta. No entanto, é preciso usar de inteligência para que possa ser interpretada corretamente. Não é necessário ser um Michael Kohlhaas, que denunciava e combatia toda e qualquer injustiça, sem perceber que ele próprio empregava métodos injustos nessa luta. Ninguém pode se considerar moralmente superior aos outros, incapaz de cometer qualquer injustiça. Muitas vezes, mesmo uma boa intenção pode fazer com que nós próprios cometamos injustiças. Não podemos fechar os olhos ao mal que se comete ao nosso redor, mas também não devemos considerar-nos apóstolos da moral, colocando-nos acima de todos os outros.

Quando um colaborador denuncia uma injustiça frente a seu superior, é importante que na apresentação dos fatos ainda não acuse ninguém. Ele não sabe se seu superior é culpado, se tinha conhecimento de todos os fatores. Ele deve manifestar sua opinião somente quando ficar comprovado da participação desonesta do superior, tomando as providências cabíveis. Ao mesmo tempo, porém, é necessário que seu superior tenha sempre a oportunidade de reagir de modo positivo. Ao expor esse tipo de problema, isso deveria ser tomado como uma informação e um alerta daquilo que não vai bem.

Frente a uma denúncia direta, seu superior tomará uma atitude de franca defesa. É preciso adiantar ao superior que ele não sabia ou simplesmente fechou os olhos para a situação, porque era-lhe muito desagradável. Ao perceber que o colaborador compreende sua situação e não procura acusá-lo imediatamente, talvez o superior se mostre mais aberto para procurar uma solução. Nesse caso consegue admitir que não queria ver as coisas, pois não tinha a força necessária para contrapor-se à situação. Quem sabe até se alegre por encontrar alguém com quem possa partilhar essa situação. Mas é só quando ele se fechar, escondendo-se atrás de sua fachada, ou então começar a ameaçar, dizendo que irá usar de todos os meios legais contra o "apóstolo da moral", que se devem tirar as consequências e começar efetivamente a luta. Mesmo nesse caso, é importante manter o equilíbrio para não sair machucado. Muitas vezes o único caminho que nos resta é a denúncia pública. Mesmo que isso acabe prejudicando também alguns colaboradores não envolvidos, a injustiça precisa ser nomeada. Nesses casos é preciso ter a esperança e a confiança de que esse processo irá promover uma purificação na empresa, estabelecendo, assim, um marco que intimidará outras empresas a agirem de modo semelhante. Uma luta de poder, que de imediato se mostra desagradável e pode trazer muitos ferimentos, pode, desse modo, se tornar uma bênção, não só para esse empreendimento mas para uma rede mais ampla de negócios afins.

Mas é preciso sempre agir com astúcia e senso de medida. Nem todo mundo tem vocação para ser herói. Na conversa com o superior é decisivo continuar sendo o que se é. O importante é não fazer com que a empresa inteira se torne impoluta e perfeita. Isso seria exigir demais. É decisivo, no entanto, manter intacta a própria integridade. Deveríamos procurar trilhar caminhos comuns e para isso a linguagem é muito importante: se uso de minhas palavras apenas para acusar, isso acabará provocando resistência. Quando são instrumento de cisão, as palavras não geram nenhuma bênção. Por isso, é importante voltar minha própria consciência para Deus e conversar com mais alguém sobre meu conflito de consciência. Caso contrário, corro o risco de confundir minhas decepções e ferimentos com minha consciência. É preciso ter cuidado, atenção e honestidade para manter fidelidade à consciência e fazer aquilo que Deus pede no fundo de mim mesmo. Os monges da Antiguidade diziam: Só o que gera paz, liberdade, harmonia e amor interior é que corresponde à voz de Deus. Onde a minha consciência se torna pesada, é sinal de que houve mistura de outras vozes, quem sabe a voz de meu superego. Os monges desenvolveram uma doutrina chamada "distinção dos espíritos". Justo quando surgem os conflitos de consciência, a consciência pessoal representa um valioso auxílio para podermos realmente fazer o que Deus quer de nós.

A comunidade, a colegialidade e a lealdade

Uma empresa não é constituída apenas de superiores e subalternos. O decisivo para se criar um bom ambiente de trabalho é acentuar a comunidade dos colaboradores. E esta não depende apenas do superior, mas cada colaborador pode contribuir para isso. Existem duas posturas básicas que ajudam a fomentar uma boa comunidade: colegialidade e lealdade. No sentido literal da palavra, *colega* significa companheiro de profissão e colaborador. Nessa palavra está o termo "cum" (com). Colegialidade significa então a agremiação irmanada, concorde e sempre pronta para ajudar. Sinto estar no mesmo patamar que os outros. Trilho um mesmo caminho com eles, em vez de trabalhar contra eles. Essa convivência é decisiva para se criar um bom ambiente dentro de uma empresa. Em muitas empresas desperdiça-se muita energia pelo fato de os colaboradores não trabalharem juntos. Ali, em geral, uns trabalham contra os outros. Com isso, conseguem apenas se ferir mutuamente. Um procura armar ciladas ao outro, atribui a culpa ao outro pelas falhas que ocorreram, procurando tirar proveito diante dos outros. Colegialidade é uma virtude civil boa, útil e muito atual dentro das empresas. Parte do princípio de que todos estamos no mesmo barco. Se remarmos juntos, em vez de remar uns contra os outros, vamos em frente.

É necessário haver colaboração. Isso não me dá o direito de ficar esperando que os outros me apoiem, se engajem em meu favor. A colegialidade começa sempre comigo mesmo. Na medida em que assumo um serviço em prol dos outros, motivo-os a fazer o mesmo. Nas conversas sobre aconselhamento, constantemente ouço pessoas que reclamam do péssimo ambiente que reina em sua empresa. Posso compreender isso muito bem, pois essas pessoas sofrem com isso. Mas eu digo sempre: dois ou três colaboradores que puxam na mesma corda são suficientes para arrastar um departamento de cem colaboradores. Quando esses dois ou três se tratam bem, deixando que essa colegialidade se manifeste aos outros, acabam mudando o ambiente de todo um departamento. Uma pessoa apenas não consegue provocar essa mudança. Mas quando procuramos formar um grupo de colegas, refletindo em conjunto sobre o melhor modo de se comportar e de lidar uns com os outros, isso acaba se refletindo também no comportamento dos outros.

Jesus fala do fermento que leveda uma grande quantidade de massa (Mt 13,33). Tão pequenos quanto o fermento frente à grande quantidade de farinha, sentem-se duas ou três pessoas diante de toda a empresa. No entanto, deveriam confiar na força transformadora de sua fé. Colegialidade, em última instância, nada mais é do que a realização do mandamento de Jesus de amar nosso próximo como a nós mesmos.

O conceito *lealdade* remonta ao termo "legalis" = *legal*. *Leal* significa então: fiel à lei, fiel ao regulamento, com lisura. Mas ter lealdade não significa criar uma agremiação que lute, tenazmente pelo simples cumprimento da lei, mas se caracteriza por estar voltada para o outro: respeito e atenção. Sou fiel ao que foi tratado, mantenho-me firme nos interesses comuns. E respeito o regulamento, a autoridade, sem por isso rebaixar-me diante deles. Quando sou leal diante de um colaborador, estou respeitando seus interesses, ele pode confiar em mim. Ao fazer um trato, mantenho-me fiel a ele. Toda e qualquer empresa precisa dessa confiança, e assim surge um ambiente onde gostamos de trabalhar.

Mas se em meu departamento impera um ambiente adverso, como devo lidar com isso? Fazer apelos morais quase não surte efeito nesses casos. Só posso proceder dando bom exemplo, confiando que essa atitude pode influenciar também outras pessoas. Quando vejo que alguns colaboradores agem de maneira desleal, posso interpelá-los perguntando por que agem assim. Não vou acusá-los, apenas questiono-os. Pode ser que eu não os compreenda bem, que interpreto erradamente sua postura. Quem sabe na conversa sinto que exista um espezinhamento mútuo. Nesse caso é preciso olhar com muito cuidado para o conflito e, caso a outra parte concorde, posso oferecer-me para ser o intermediador. De modo algum devo assistir passivamente o ambiente ir piorando.

A colegialidade e a lealdade têm extrema importância, sobretudo entre gestores e gestoras. Se um gestor quiser prejudicar o outro, pretendendo lucrar com isso, esse gesto acaba envenenando todo um ambiente. Manter transparência e lealdade na convivência e um clima de colegialidade dentro de um ambiente envenenado não é uma tarefa simples. Mas confio no poder do bem, e, no mínimo, os outros colaboradores terão outra postura em relação a mim. A maioria das pessoas veste uma fachada que as isola dos outros, e trata de modo descortês quem se porta com lisura frente a ela. Mas pode ser que eu me sinta só, com meu comportamento e minha postura. Nesse caso, mais do que nunca, preciso fortalecer minha fé e cultivar uma esperança profunda de que a semente da colegialidade e lealdade possa germinar também no terreno pedregoso de minha empresa. E é preciso sobretudo constância e fortaleza para conservar essa postura justo nos conflitos que me atingem diariamente.

Como lidar com os conflitos

Existem muitos conflitos dos quais um gestor dificilmente consegue se livrar: conflitos entre colaboradores, conflitos onde eles próprios estão envolvidos e conflitos advindos de adversidades criadas pelo próprio sistema. Existem, por exemplo, conflitos oriundos da rivalidade e da concorrência. Há ainda os conflitos que surgem da lida com colaboradores doentes ou oriundos de demissões.

a) Os conflitos com outros colaboradores

Um gestor de certo departamento contava-me, em dada ocasião, a respeito de dois de seus colaboradores, um homem e uma mulher, que constantemente discutiam. O homem tinha claramente problemas com mulheres, e a mulher, com homens. Os ferimentos que já haviam experimentado da parte de seus pais e mais tarde do sexo oposto eram constantemente projetados sobre o outro. Porque não aceitavam realmente sua identidade enquanto homem ou mulher, não conseguiam aceitar o outro como era. Um feria o outro, que tentava pagar com a mesma moeda, tolhendo-o ou retendo-lhe informações. Dentro da empresa, ambos procuravam outros colaboradores que comungassem com sua causa e servissem de ponte para atacar o adversário. Com isso, geravam conflitos, envolvendo também seus colegas. A gerência tentou empreender diversas conversas com os dois, mas isso não resolveu muito.

Não é nada fácil resolver esse tipo de conflito, mas tampouco se devem fechar os olhos para o problema, caso contrário, todo o departamento será prejudicado. Uma proposta de solução seria fomentar uma conversa a três. Mas, nesse caso, é importante que a direção se mantenha neutra no conflito. Cada um dos dois recebe cinco minutos para dizer o que pensa, e – sem que o outro o interrompa – este pode dizer como vê a situação, o que o incomoda no outro e o que deseja dele. Recapitulando os desejos de ambos, o superior poderá resumir a conversa perguntando se no futuro não seria possível empreenderem um trabalho conjunto e se precisam de algum tipo de ajuda. Em hipótese alguma poderá moralizar a conversa, dizendo por exemplo: "Espero que se comportem. Como pessoas racionais, devemos respeitar uns aos outros". Esse tipo de moralização se mostra, na maioria das vezes, infrutífero. Ambos precisam sentir que seu conflito não gera medo nem cria tensão. A direção está presente simplesmente para que haja acordo entre eles. Se esta consegue olhar para o conflito de modo sereno, quase sempre essa serenidade passa também para os contendedores. É só quando os outros estão inapelavelmente envolvidos no conflito que a direção precisa medir consequências, separando-os. Isso nem sempre é simples, sobretudo quando o departamento não é grande o suficiente para que cada um cuide de seu âmbito. Mas pelo menos pode-se separar os dois setores de trabalho, minimizando assim os pontos de tensão.

Quando o conflito se enraíza na história de vida pessoal de cada um, como no nosso exemplo, mesmo uma boa conversa não ajuda muito. Esse tipo de problema, não trabalhado, precisaria passar por uma boa terapia. No entanto, o gestor não é o cura de almas para seus colaboradores. Pode até aconselhá-los a procurar ajuda, para que possam viver em paz consigo mesmos, mas não pode exigir isso. Muitas vezes não sobra outra opção senão separar os dois contendedores, dando-lhes tarefas que não permitam que entrem em contato mútuo.

b) Os conflitos pessoais

É muito comum estarmos pessoalmente envolvidos em algum tipo de conflito. Nesses casos, devemos olhar com precisão os motivos por que isso aconteceu: há problemas objetivos? O conflito foi criado por interesses divergentes? Ou será que alguém tem alguma rusga comigo porque projeta em mim seu lado sombrio? Quem sabe, eu não o faça recordar-se de pessoas que lhe trouxeram problemas? Talvez eu reaja como seu pai, ou minha preocupação por ele faz com que se lembre imediatamente da proteção de sua mãe.

É natural perguntar-nos, então, o que estamos fazendo de errado, que tanto irrita esse colaborador. Não devemos procurar colocar toda culpa em nós mesmos, mas antes nos perguntar: De que modo o atingi para que ele precise me ferir? Por que motivos não está bem consigo mesmo e precisa atacar-me? Ou então dizemos a nós mesmos: Como ele reage, isso é problema seu. O que desperto nele é *seu* lado obscuro. Não preciso me desculpar por eu ser assim como sou, posso ser eu mesmo. Se isso incomoda o outro, isso é problema seu. Não posso fazer nada se o outro me usa como campo de projeção de seus próprios problemas. Dou-me conta disso e deixo as projeções com ele. Não me irrito nem retruco a suas projeções, sentindo-me atingido ou combatendo-o. Deixo-o ficar consigo mesmo.

Existe, é claro, também o outro lado: é o outro que me irrita. Não consigo suportar o jeito como ele fala, como ele come na cantina, como anda na sala, como se veste. Nós jamais vemos objetivamente o outro, mas sempre com os óculos de nossas próprias experiências de vida. Por isso, a tarefa mais importante a ser feita é limpar nossos óculos, libertar o outro das imagens que lhe atribuímos – a imagem do pai, da mãe, de certos professores e educadores. Perceber que estamos entrando em conflito com o outro pode ser sempre uma importante fonte de autoconhecimento. Deveríamos nos perguntar o que na outra nos faz recordar de alguém, e por que seu comportamento nos incomoda tanto. Então, certamente, acabaremos nos deparando com situações da nossa própria história de vida, e aí fica mais fácil distinguir o outro dessas nossas lembranças, procurando vê-lo de modo mais objetivo. Com isso, podemos também reconciliar-nos com nossas antigas experiências, que sempre vêm à nossa mente. Quanto mais nos reconciliamos conosco mesmos, aceitando-nos, tanto menos ficaremos irritados com as outras pessoas.

c) Como lidar com as adversidades

Com a ajuda de todo seu departamento, um colaborador, a pedido da empresa, traçou um esboço para montar uma estratégia para o futuro da empresa. Agora, o rol das estratégias é discutido em todos os departamentos. Os conselheiros externos acharam boa a carta de estratégias. Segundo opinião dos mesmos, seria também a única via correta para o futuro. No entanto, dois departamentos barraram sua implementação, argumentando que outras empresas já fracassaram exatamente com esse tipo de estratégia. O superior não consegue se decidir, pois está inseguro. O colaborador responsável pela carta encontra-se em conflito. Se voltar atrás e retirar a carta, será apedrejado por seu próprio departamento, que ele motivou e que despendeu muita energia nisso.

Como deve lidar o gestor desse departamento diante dessa contrariedade entre os dois departamentos? Como deve ser sua postura diante do superior, que nesse caso o deixa sozinho?

De modo algum parece fazer sentido querer iniciar uma guerra entre departamentos; nisso só haveria perdedores. O partido minoritário iria sabotar as estratégias e assim não seria útil para ninguém. Mas simplesmente retirar de circulação o esboço elaborado geraria resignação, paralisando assim a própria energia e a de todo o departamento. Um bom caminho seria simplesmente deixar que o partido contrário pudesse expor o que lhe causa medo, que pontos retiraria do projeto e o que acrescentaria a ele. Em vez de querer convencê-los, seria melhor cativá-los. Seria muito importante que apresentassem todos os contra-argumentos, mas, é claro, acompanhados de sugestões construtivas, indicando uma saída. Se não obtiverem êxito, é preciso mostrar-lhes claramente. Talvez seja exatamente o momento de mostrar que suas sugestões são irrealizáveis ou são expressão do medo. Talvez seja necessário ter paciência e admitir que esses outros precisam de mais tempo para serem decididos.

Em hipótese alguma devemos acirrar o conflito, sob o risco de este se tornar simplesmente insolúvel. Um sinal de atenção e respeito seria dizer: "Muito bem, ainda não estamos a ponto de tomar qualquer decisão. Vou levar em conta as ideias apresentadas e estudar melhor a questão. Com uma pausa de algumas semanas, poderemos conversar sobre o assunto de modo mais racional". Pode ser que os outros departamentos não tenham nenhuma razão objetiva contra a carta, e sentem apenas não ter sido consultados sobre a decisão a ser tomada. O importante não é fechar os olhos ao conflito, mas considerar com precisão o que se passa na realidade.

A palavra "conflito" vem do latim *confligere*. Pode significar "confronto", "luta" ou "disputa". O importante é saber que quando se confrontam dois interesses distintos não é necessário contendas. É possível encontrar também uma saída criativa, pois conflitos geram energia. Mostram que os caminhos percorridos até o presente não são a melhor solução que se tem. Procura-se, portanto, por novas possibilidades. Os conflitos são sempre um convite para dialogar e procurar soluções conjuntas. É costume que essa solução desemboque num compromisso. "Compromisso" vem de *com-promittere* = "mutuamente comprometer-se, unir-se". No conflito está em questão, portanto, o diálogo recíproco e, por fim, um compromisso mútuo. Dificilmente os conflitos se resolvem de uma vez por todas. Eles nos obrigam a novos diálogos, procurando por novas soluções. Conflitos mantêm vivas as relações, mantêm vivos gestores e gestoras de empresas. É necessário que em cada conflito se investigue com precisão se ele se localiza no nível das coisas objetivas ou no nível das relações, ou ainda se não se radica na estrutura da própria alma. Os conflitos relacionados com coisas objetivas podem estar referidos às finalidades, aos métodos ou à partilha (cf. NIETZSCHE. *Erfolgreich durch Konflikte*, p. 16s.). Muitas vezes estamos unidos quanto aos objetivos, mas não quanto ao método que nos conduzirá a eles. É comum haverem divergências também em relação aos objetivos. O departamento de *marketing*, por exemplo, tem objetivos diferentes dos do departamento de produção. Nos conflitos de partilha é preciso sempre buscar um acordo. Diante de várias possibilidades nem sempre é fácil encontrar uma solução que agrade a todos os envolvidos.

Outro modo de descrever os conflitos é dividi-los em abertos, encobertos e adiados. Num *conflito aberto* todos os participantes estão informados a respeito dele. No *conflito encoberto* não há clareza. Tensões são sentidas, mas não se sabe de onde vêm. No *conflito adiado* a disputa se interrompe em algum ponto não relacionado a ele (p. 12s.).

Uma pessoa tende a gerenciar um conflito a partir de sua história de vida. Se alguém cresceu numa família onde todo e qualquer conflito era empurrado para "debaixo do tapete", terá dificuldade de tratar abertamente os atuais conflitos. Ele preferirá reprimi-los e minimizá-los. Quem, por exemplo, passou a infância dominado pelo medo de que as constantes brigas dos pais acabassem em separação, sente-se ameaçado por todo e qualquer conflito. Irá recordar-se imediatamente da situação de sua infância, dos medos de ficar sozinho, de sentir-se dividido entre pai e mãe. Quem, ao contrário, teve da família orientação equilibrada diante dos conflitos, sente prazer em resolvê-los de modo construtivo. Para este último grupo, conflitos são fonte de energia, enquanto que para os outros significa enfraquecimento. No entanto, não estamos inapelavelmente presos a nossa história de vida; todos podemos aprender a trabalhar melhor nossos conflitos. Um primeiro recurso para isso é separar os conflitos atuais de todas as experiências anteriores. Enfrentamos um conflito quando nos limitamos a enfrentar as exigências que eles nos impõem. Quando conseguimos encontrar uma boa solução para eles, ficaremos motivados para enfrentar novos desafios de maneira mais aberta.

d) A guerra da concorrência

Todos os que trabalham em algum ramo da economia estão às voltas com a concorrência, e de dois modos: existem os concorrentes do mercado, com os quais competimos, e existem, também os concorrentes dentro da empresa, os rivais, que criam intrigas em nossos próprios postos de trabalho ou que estão atrás de algum determinado posto. A palavra "concorrência" vem do latim *concurrere*, que significa propriamente "correr junto, topar com". Essa palavra provém propriamente do mundo do esporte. Encontramo-nos juntos para uma corrida de 100 ou de 1.000 metros. Corremos juntos, paralelamente. É claro que o objetivo do correr junto é medir forças com o outro, deixar-se provocar pelo outro para treinar mais e correr melhor. Um outro objetivo consiste em vencer essa concorrência. Mas sempre apenas um poderá vencer. Nem por isso, os outros entraram em vão na competição, pois eles também alcançam alguma coisa.

No que diz respeito à vida da economia, da competição esportiva, hoje temos muitas vezes uma intensa luta, que mais se parece com uma guerra do que com uma competição esportiva. Aí procura-se varrer, descartar, sobrepujar os concorrentes do mercado. Ou então na empresa não queremos deixar chance alguma aos concorrentes, obstruindo-lhes qualquer possibilidade de ascensão.

De fato, a luta pela concorrência pertence essencialmente à nossa vida, sobretudo no mundo da economia. A concorrência tem também seu lado bom. O próprio Adam Smith já sabia que ela ajudava as pessoas a suprirem suas necessidades de modo mais apropriado. Concorrência significa uma constante exigência de trabalhar a si mesmo, exercitando-se em modos de comportamento mais efetivos, desenvolvendo novas ideias para os produtos que vamos empreender. Todavia, seria uma grande ilusão querer viver sem concorrência. É o que expressa já o dito: a concorrência dá vida ao negócio.

Na era da globalização, a concorrência torna-se cada vez mais acirrada. Muitos gestores, sobretudo gestores medianos, sentem que já não dão conta desse duro combate. No esporte, os competidores precisam respeitar as regras estabelecidas; na economia, no entanto, temos a impressão hoje que para certos concorrentes as regras já não valem mais. Eles criam privilégios, burlando as regras da honestidade e da equidade. É preciso um alto grau de consciência ética para que uma empresa não responda com esse mesmo grau de deslealdade. Achei muito interessante que a Jenoptik[2] estabeleceu para si um compromisso de não adotar práticas de suborno, mesmo em países onde essa prática é usual. A empresa tem plena consciência de que com isso suas encomendas diminuem bastante, mas confia que com o tempo não só seus produtos, mas também sua clareza e retidão interna acabarão impondo-se no mercado. É preciso ter muita paciência para continuar jogando limpo num mercado onde impera a concorrência desleal. Mas vai chegar a hora em que a lisura será recompensada.

Em toda e qualquer concorrência existem também os perdedores. Quem consegue fazer emplacar novas ideias acaba afastando concorrentes do mercado. Para esse indivíduo, então, isso é doloroso e tem consequências restritivas, mas para o público em geral costuma ter repercussões positivas. Existem no entanto concorrentes que trabalham de modo desonesto, usando de truques para derrubar seus concorrentes. Isso vai contra a lisura própria da concorrência. Na luta honesta própria da concorrência os competidores estão sempre desenvolvendo novas ideias, as quais acabam oferecendo respostas mais adequadas às necessidades humanas. A concorrên-

[2] Empresa internacional de tecnologia eletro-óptica e eletromecânica [N.T.].

cia obriga a toda e qualquer empresa a ficar vigilante e observar com precisão as necessidades humanas, junto com a forma de organização dos empreendedores. Quando os próprios produtos são muito caros é preciso que surjam novas ideias para criar produtos mais baratos, ou para fabricar produtos tão bons que o preço já não seja tão determinante.

Na luta concorrencial cada um experimenta o conflito de seguir as regras da honestidade ou então seguir o desejo de querer vencer a qualquer preço, lançando mão de todo tipo de truques. Quem se apega aos valores, em curto prazo poderá ficar em desvantagem, mas certamente em longo prazo será vitorioso. Mesmo assim é preciso lidar com os valores de maneira criativa. Os valores defendidos pela empresa devem ser propostos aos homens e mulheres da empresa de tal modo que possam ser convincentes.

Ao lado da concorrência do mercado, como foi dito, existem ainda os concorrentes internos. Por meio de um bom trabalho, todos têm o direito de aspirar a uma melhor colocação dentro da empresa. Se sou um gerente, não sou privilegiado por isso, mas devo confrontar-me e medir-me com outros. Como lidamos com os concorrentes dentro da própria empresa? Existem por exemplo gestores que simplesmente atribuem a seus concorrentes todas as imperfeições possíveis, chegando a divulgar traços de sua vida privada. Concorrentes honestos respeitam-se mutuamente. Cada um deles quer ganhar, mas depois da disputa é possível ainda olhar o outro nos olhos. Ganhar uma concorrência implica, ao lado de mérito próprio, também uma boa dose de sorte. Todo bom jogador sabe disso, e assim não conta a vitória de antemão. Uma disputa construtiva deveria ser travada de maneira totalmente aberta e segundo regras claras. Obriga a cada um a trabalhar consigo mesmo. Para que essa disputa se mantenha limpa é preciso que os superiores também sejam honestos. Quando estes se envolvem em intrigas ou começam a tomar partido, aumentarão as dificuldades de transparência.

Em muitas empresas, o processo de concorrência transforma o concorrente em rival, e, utilizando-se de maneiras ilícitas, procura-se enfraquecê-lo e tirá-lo da disputa. Este modo de tratar a disputa gera medo de que a outra parte se utilize de meios ardilosos. É tudo o que se precisa para paralisar o desenvolvimento de uma empresa. Não se dá uma disputa saudável, mas um jogo de intrigas, no qual não vencem os melhores, mas aqueles que conseguem empregar os truques mais insidiosos. Perde-se o senso ético, mesmo que este seja, em linhas gerais, valorizado pela empresa.

É importante, em tais situações, não fazer uso das mesmas armas dos rivais. É decisivo manter a autenticidade e a honestidade. Isso porém não nos impede de nos defender de maquinações destituídas de caráter. A falta de honestidade deve ser denunciada abertamente. Existem, em última instância, regras para se jogar honestamente e podemos tranquilamente reivindicar isso.

Também nesse tipo de disputa não precisamos baixar a cabeça e simplesmente nos submeter. Isso significa que não deveríamos nos adaptar às ideias dos superiores, como é costume hoje em dia qualquer administrador fazer, mas procurar manter nossa autenticidade. Gestores autênticos procuram enfrentar as exigências impostas sem recorrer à submissão. Alguns gerentes me contaram que há centros de avaliação que selecionam apenas "pessoas de fachada". Ao longo do tempo esses escolhidos acabam prejudicando a empresa, pois ela vai sendo conhecida pela sua fachada, não pela qualidade.

Outras empresas não olham apenas para o modo como alguém se apresenta, mas como ele realmente é: como se porta durante as refeições, nas conversas, se sabem ouvir, se são agradáveis ou frios e ásperos. Empresas que contratam profissionais com tal perfil passam a imagem de clareza e investem em valores humanos.

e) O *mobbing*[3]

Uma enfermeira, por exemplo, evita participar de uma determinada cirurgia porque percebe que o

---

[3] *Mobbing* vem da palavra inglesa *To mob* (atacar, maltratar, tratar mal alguém). Dentro de uma empresa significa que uma pessoa ou um grupo, em seu local de trabalho, é ofendida, agredida, cerceada ou ainda lhe são incumbidas as piores tarefas pelos seus superiores, colegas de trabalho ou mesmo por subalternos. Para que se possa falar de *mobbing* é preciso que essa prática seja exercida sistemática, frequente e repetidamente (por exemplo, uma vez por semana) por pelo menos meio ano. Em português talvez pudéssemos falar de "perseguição", mas não é bem esse o significado que expressa a palavra. Por isso, preferimos manter o vocábulo original, *mobbing* [N.T.].

cirurgião-chefe trabalha com irresponsabilidade. Mas essa coragem da enfermeira não é vista com bons olhos pela direção da empresa e muitos têm vontade de demiti-la. Com isso, está constantemente exposta ao *mobbing*.

Uma educadora, com crise da meia-idade, apresenta-se sempre doente, e em constante luta interna. A doença lhe dá a oportunidade de confrontar-se consigo mesma, mas seus colegas não conseguem suportar sua atuação como educadora. A única coisa que veem é a obrigação de trabalharem sempre mais para suprirem sua falta. Assim, querem ficar livres dela. *Mobbing* é o modo sutil para dizer-lhe: já não és mais bem-vinda aqui.

Mobbing é um fenômeno que vem despertando a atenção de psicólogos e médicos. Muitas vezes ele surge em decorrência de má gestão de uma empresa. Os responsáveis trocam a gestão por agressões. Pensam que a agressão amedronta os colaboradores, e isso pode servir de desculpa para impor suas opiniões. Estes, por sua vez, acabam repassando aos seus subalternos as agressões, gerando assim um ambiente que impede toda e qualquer produção efetiva e eficaz. Muitas vezes a responsabilidade pelo *mobbing* não é da direção da empresa, mas de pessoas imaturas que não conseguem suportar novos colaboradores, que não querem se sentir ameaçados por eles. Por isso procuram afastá-los. Numa equipe, é comum um colaborador rebater um colega que lhe traz recordações desagradáveis. Em certos casos, então, este acaba projetando as experiências negativas que teve com aquela outra pessoa sobre o novo colaborador, sem nada saber da história desse último. O novo colaborador não fez nada de errado e, mesmo assim, torna-se alvo de projeções negativas.

As vítimas do *mobbing* veem-se ameaçadas por todos os lados. Perdem a autoconfiança e em geral não sabem como reagir. Quando somos nós próprios que sofremos o *mobbing*, então deveríamos nos perguntar se isso foi provocado pelo nosso próprio comportamento. Se em nós mesmos não encontrarmos nenhum motivo que possa ter provocado a reação negativa dos outros, então deveríamos confiar no que sentimos e não ficar procurando culpa em nós mesmos. Um próximo passo é tentar compreender a postura dos outros: o que eles têm contra mim? O que objetivam com sua tática? Será que não estão projetando seus próprios problemas em mim? Será que sou um espelho para suas próprias fraquezas? Será que estou deixando-os inseguros com meu comportamento? Não querem talvez admitir mais ninguém em seu grupo? Ou será que eles querem esconder alguma coisa?

Feito esse levantamento, é possível, então, tomar certas atitudes, nas quais não apenas procuramos nos proteger, como vítimas, de certos ataques, mas também não concederemos aos outros poder algum sobre nós. É importante também, uma vez estando em casa, desligar-se de tal comportamento, para que este não acabe nos dominando também ali. Interiormente devemos como que interditar-lhes a convivência em nossa casa, e então manter-nos coerentes em não pensar nessas pessoas em nossa casa, não falar sobre elas e, sobretudo, não permitir que atrapalhem nossa vida familiar. Muitas pessoas chegam a ficar doentes quando se veem expostas ao *mobbing*. Este as persegue por toda parte: em casa, em encontro com os amigos, nas férias... Concedem poder em demasia a seus adversários e a base desse poder costuma ser a própria carência. Penso: como seria bom se todos gostassem de mim, pois não posso suportar ter alguém contra mim. Devo confessar minha carência, ela tem o direito de existir. Mas preciso aprender a distanciar-me dela. Não dependo unicamente do reconhecimento dos outros. Vivo também de outras motivações.

Uma estratégia importante para lidar com o *mobbing* é afastar-se e ganhar distância, objetivamente, de tais relações negativamente opressivas. Quanto menos reagimos ao *mobbing*, tanto menos poder lhe concedemos. Mesmo assim, pode acontecer de nenhuma dessas estratégias alcançar resultados satisfatórios. As frontes de batalha estão tão empedernidas que não há esperança de rompê-las. Então é preciso fazer os cálculos e procurar alguma outra coisa – em caso extremo, um outro emprego. É importante nesse caso que saiamos dessa situação de cabeça erguida e não como perdedores.

Também para quem está na direção torna-se uma situação difícil quando alguma vítima de *mobbing* vem a eles, relatando o desconforto. A questão é como lidar com isso, como podemos oferecer ou propiciar ajuda. A primeira coisa a fazer é levar a sério a vítima, ouvir com atenção o que tem a dizer. É só num segundo momento que podemos perguntar como seria possível ajudar, o que ela deseja dos colegas ou ainda que tipo de apoio espera receber da direção. Paralelamente a essa vítima de *mobbing*, deveríamos ouvir também o outro lado, e perguntar-lhe como vê a situação. Em geral os colegas relativizam o caso, dizendo que as coisas não são bem assim. Outros dirão o que os incomoda no colega vítima de *mobbing*. Aqui é preciso ter clareza absoluta de que cada homem tem o direito a sua individualidade, e que a prática de *mobbing* é a prova mais cabal de intolerância. Ademais, eu perguntaria também a esses outros colaboradores o que esperariam do colega vítima de *mobbing*. Quais os pontos que poderia mudar, para que o trabalho conjunto se tornasse mais agradável. Talvez isso ajudasse a intermediar uma negociação entre os dois lados.

Mas, acima de tudo, os "agressores" devem aprender a conter-se e deixar que os outros sejam como são. É preciso muita tolerância para conviver e trabalhar juntos numa empresa. O exercício da tolerância é tarefa da maturidade humana, que em algum momento na vida todos precisam ter. Mas se sou um dirigente, por exemplo, e percebo que a situação começa a se complicar, preciso reorganizar todo o departamento e repartir as incumbências de tal modo que minimize ao máximo os pontos de contato com a vítima de *mobbing*. Em certos casos, uma transferência também poderia ser a solução. Todavia, eu conversaria com o colaborador vítima de *mobbing* sobre o que ele próprio poderia aprender a melhorar para que no novo posto não volte a acontecer o mesmo. Iria apresentá-lo da melhor forma possível no novo departamento, a fim de que haja uma boa convivência. Proibir a um departamento de praticar o *mobbing* com certo colaborador, em geral, é um procedimento que não ajuda muito, pois o *mobbing* é expressão de atitudes imaturas. E não serão apelos morais que trarão mais maturidade às pessoas. Mas, às vezes, é extremamente salutar confrontar um departamento com sua atitude de *mobbing*, reportando o que estão fazendo com seu colega e o que aconteceria a eles próprios se caíssem em tal situação.

f) Como lidar com colaboradores doentes

O líder de uma equipe disse-me que um de seus colaboradores era vítima de alcoolismo. Tal líder conversou de maneira franca com o colaborador doente, mostrando-lhe as consequências de sua conduta. Fê-lo compreender que se ele nada fizesse para mudar de atitude, precisaria despedi-lo, coisa que acabaria destruindo seu próprio futuro. O colaborador conseguiu olhar para dentro de si, procurou ajuda especializada, entrando em franco processo de recuperação.

Uma oficina tinha um colaborador muito antigo. Certo dia ele procurou a direção da empresa e disse-lhe que um acidente ocorrido anteriormente o impedia de entregar no tempo previsto o que lhe era determinado. O diretor acreditou naquele colaborador, que sempre procurou dar o máximo de si em prol da empresa. Transferiu-o para um departamento que pudesse cumprir em tempo o que lhe era incumbido. Isso causou enorme contentamento no colaborador por poder continuar na empresa sem precisar usar de esforço sobre-humano.

Em praticamente todos os seminários de lideranças há pessoas que desejam saber como lidar com colaboradores doentes. Para mim, a maturidade de um estabelecimento empresarial se mostra no modo como trata seus colaboradores doentes. Todas as pessoas que exercem alguma liderança administrativa gostam de tratar desse tema, já tendo alguma experiência no caso, boa ou ruim, bem-sucedida ou decepcionante.

Ao lado do relato de muitas experiências positivas no trato com colaboradores doentes existem também outras tantas negativas. Há colaboradores, por exemplo, que "ficam doentes" toda segunda-feira. Todos os seus colegas sabem que isso não passa de simulação para prolongar o fim de semana, mas se sentem impedidos de tomar qualquer atitude. Um outro, assim que começa a aumentar o trabalho em sua seção, traz um atestado médico. Isso irrita os outros colaboradores, mas nada pode ser feito contra uma prescrição oficial de que o colega está doente. Há aqueles que veem as falsas doenças como uma maneira de punir a empresa. Eles nutrem a ideia de que a instituição já os explorou muito e que chegou a hora de reverterem a situação, não podendo perder a oportunidade de apresentar atestado médico. Muitos chegam a pedir que o médico informe que o colaborador não pode mais executar o trabalho que até então competia a ele.

Nesses casos, fica difícil para o diretor julgar se o colaborador está realmente doente, se simula a doença ou pede para que lhe seja prescrita. Quem, por exemplo, acusa esse colaborador com razões infundadas, pode feri-lo profundamente. Por outro lado, também o doente pode estar influenciando seus superiores, e, se esse diretor estiver sozinho, acaba se sobrecarregando. Pode até ouvir sua sã consciência, mas não sabe se ela está sempre correta. Justamente para coibir abusos, muitas empresas contrataram médicos empresariais ou assistentes sociais.

É muito importante que as empresas mantenham trabalhando pessoas que durante muito tempo se dedicaram a ela e que se encontram doentes; que eles não sejam despedidos pelo simples motivo de já não serem altamente produtivos. A empresa deve dar a chance para que os doentes possam se curar. Isso vale sobretudo para doenças psíquicas. Muitas vezes, a doença psíquica é um recurso da alma que já não consegue suportar o peso físico e espiritual do trabalho. Também aqui é importante consultar profissionais da área. Em casos como esse, o simples apelo ao bom-senso não resolve nada. É preciso ter sensibilidade para com os doentes, junto com um bom conhecimento profissional, para poder diagnosticar corretamente a doença.

Por outro lado, não é incomum empresas serem exploradas por "espertalhões" que usam da doença co-mo um eficiente para se dar bem na vida.

g) Como demitir colaboradores

Motivada por uma delicada situação financeira, a diretoria de uma empresa incumbiu o coordenador de seu departamento de pessoal a demitir grande número de colaboradores. Essa pessoa disse-me que foi uma experiência muitíssimo dolorosa para ela, mas que havia aprendido muito com isso. Desde então, não faz demissões em massa. Pede que antes se estude a possibilidade de outros meios para manter os colaboradores, talvez de modo mais flexível. E a alternativa foi bem-sucedida.

É sempre conflitante estar na direção de uma empresa e precisar demitir colaboradores. Muitos consultores veem na demissão o único meio de resolver crises financeiras. Penso que não é o meio mais indicado e que existem maneiras de tirar uma empresa da crise financeira.

Apesar disso, existem casos especiais em que demissões se fazem necessárias para a manutenção do emprego de outros colaboradores. Obviamente muitas pessoas não têm condições, por diversos motivos, de ser mantidas no quadro de uma empresa.

Seja como for, a demissão sempre é experiência amarga. Se pensarmos na família do colaborador ou em sua situação pessoal, no desespero que irá tomar conta dele... a demissão não se concretizará. Depende de nós, entretanto, saber conduzir a situação, enfrentar com maturidade e de modo mais humano "o drama da demissão". Se não há outro jeito e preciso comunicar a demissão ao colaborador, devo fazê-lo sem prejuízo de sua dignidade. Não posso, por exemplo, simplesmente usar de florilégio como: "Sinto muito ter de despedi-lo". Ele deve sentir que não é tarefa fácil para mim ter que despedi-lo. Também deverá perceber claramente que me preocupo com ele. Será muito bom perguntar-lhe se posso ajudá-lo a procurar outro emprego ou se ele já tem em mente algumas novas possibilidades de trabalho. Às vezes, uma demissão pode ser a chance que esse colaborador precisava para ousar fazer algo diferente, para vivenciar antigos sonhos profissionais ou partir para algo totalmente diferente. No mínimo deveríamos agradecê-lo pela convivência e ajuda no trabalho, ressaltando todos os pontos positivos que percebemos nele. Fundamentalmente, deveríamos lidar com ele sempre de tal modo que pudéssemos encará-lo de cabeça erguida.

Uma situação bem mais difícil se dá quando temos de despedir um colaborador porque este, por suas atitudes, se volta contra a empresa ou simplesmente não produz aquilo que lhe foi pedido. É cada vez mais comum essas demissões acabarem na justiça do trabalho. E ali o bom humor, a longa paciência que se teve com um mau colaborador acabam sendo fator complicador. Eram necessárias advertências por escrito.

Também relato o caso de colaboradores, admitidos na intenção de serem ajudados, que não aproveitam a chance, não lhe restando nada mais do que a demissão. Quando isso acontece, recorrem a meios jurídicos contra ela. Muitos gestores medianos acabaram amargando, nesses casos, dolorosas decepções. Às vezes até entendo por que alguns empresários se tornam tão rígidos, pois muitas vezes foram decepcionados quando mostraram um pouco de humanidade. Mesmo assim, é importante confiar de modo particular em toda e qualquer pessoa, tratando-a com justiça. Não é tarefa difícil permitir que paulatinamente a nossa cabeça seja povoada de preconceitos, colocando todos os colaboradores a serem demitidos no mesmo plano, o que acaba sendo injusto. É preciso que nos esforcemos, detendo-nos com cada um deles, e procurar compreendê-lo. Muitas vezes, todas as nossas exortações não contribuem em nada para que o colaborador mude de atitude. Às vezes é preciso também que ele se confronte consigo mesmo, para que algo possa ser modificado nele. Em todo caso, minha crença no bem deve acompanhá-lo junto com meus sinceros desejos de sucesso. Ao lado de toda indignação provocada pelo comportamento falho do colaborador é preciso respeitar sempre a sua dignidade, acreditando ser portador de bondade.

Hoje em dia, infelizmente, o ambiente nas empresas está cada vez mais rude. Isso faz com que muitos colaboradores sejam despedidos injustamente. Porque gostaríamos de ver-nos livres de alguém, por motivos pessoais, acabamos encontrando todos os motivos possíveis para sua demissão. Quando é despedido desta maneira, o colaborador é ferido profundamente, perde muitas vezes sua autoestima e, comumente, passa a desconfiar de toda e qualquer autoridade. Em tal situação, é preciso defender-se interiormente dessa enfermidade e lutar por uma "situação pessoal" mais sadia. Caso contrário, interiormente, acabamos cada vez mais fragilizados.

Anos atrás isso era impensável, mas hoje em dia é de certo modo normal a demissão não apenas de simples colaboradores, mas também de altos funcionários que ocupam cargos de direção ou gestão. Quando há fusão de empresas ou uma delas é assumida por um grupo, os cargos de direção costumam ser renovados. Muitos gestores e gestoras que se sentiam seguros, de uma hora para outra veem-se sem emprego. Dependendo da idade que têm, dificilmente conseguirão outro emprego correspondente ao que perderam. Sem contar com o fato que uma demissão de administradores geralmente é feita de modo bastante indigno. Isso é uma experiência especialmente dolorosa, gerando muitas crises profundas. Por isso, as pessoas quando precisam demitir um colaborador deveriam se perguntar: Será que eu gostaria de ser demitido assim como estou fazendo com esse colaborador? Como gostaria de ser tratado se fosse demitido? Tais reflexões nos ajudam a ter mais sensibilidade por ocasião de inevitáveis demissões.

Como viver uma espiritualidade cristã no trabalho

A confiança

São Bento exortava o monge para que não alimentasse desconfiança, pois – assim dizia ele – este jamais se sente em paz. Quem olha para seus colegas colaboradores com desconfiança, vendo em cada atitude deles motivações egoístas ou atos de sabotagem, jamais se sente em paz. Sua vontade é de controlar tudo, mas o controle prova resistência e envenena todo o ambiente de trabalho. Em ambiente envenenado, mesmo os melhores instrumentos de controle tornam-se inúteis. O melhor que se pode fazer é confiar.

Mas como aprender a confiar? Muitas pessoas pensam que a confiança é a mesma que uma criança aprendeu de sua mãe. Essa "confiança originária" expressa a experiência de sentir-se bem-vindo a este mundo e que podemos confiar em nós mesmos e nas outras pessoas. Mas o que pode fazer alguém que não teve suficientes experiências de confiar, enquanto criança? Enquanto criança todos receberam dosagens diferentes dela. Isso influencia o comportamento adulto, sobretudo na vida profissional. Para alguns, ter confiança em seus colegas colaboradores, como também no futuro, é tarefa fácil; para outros, por causa de sua estrutura pessoal, torna-se mais difícil; para outros, ainda, divisa com a impossibilidade.

Particularmente penso que a confiança não é um dom humano somente herdado, mas também pode ser aprendida. Para tal, existem recursos psicológicos que podem ser exercitados. Por exemplo, quando um gestor desconfia de um colaborador, pode tentar transportar-se para o lugar deste. Talvez através disso descubra o lado bom desse colaborador. Pode também perguntar-se pelas razões dessa desconfiança: Será que esse colaborador me faz lembrar de pessoas de minha história de vida com as quais tive experiências ruins? Ou será que vejo fundamentalmente tudo e todos de modo negativo? O mesmo vale também em relação à confiança no futuro da empresa. Será que não a vejo sempre dentro de um quadro pessimista? Quais as razões que existem para isso? O que poderia me ajudar a investir no futuro? Precisamos tentar precisamente descobrir nossos modelos de vida e, aos poucos, substituí-los por outros mais convenientes.

Também existe o caminho da autossugestão. Dizemos para nós mesmos: "Estou cheio de confiança". "Olho para o futuro cheio de confiança"... Até certo ponto essa atitude pode ser causadora de mudança. Mas também pode ser automanipulação, que nos convida a ver tudo de forma positiva. Isso não corresponde à realidade, pois nela existe igualmente a negatividade. Penso que somente quando vemos ambos os lados fazemos jus à realidade.

Para mim, a confiança é, em última instância, tarefa espiritual. Todos herdaram de seus pais certa dose de confiança e de desconfiança. A pessoa adulta, com essas medidas, deve se colocar na presença de Deus, pedindo-lhe que estenda sua mão protetora sobre si e sua empresa. Agindo assim, percebemos que não precisamos fazer tudo, e assim a confiança vai sendo germinada em nosso interior. Não coloco sob minha responsabilidade o ato de confiar, mas entrego a Deus tanto os colaboradores quanto o empreendimento. Confio-os a sua proteção e bênção. Se consigo rezar pela prosperidade de um colaborador com quem não me relaciono bem, aos poucos conseguirei me aproximar dele de modo diferente. A oração libera-me de toda automanipulação. Procuro olhar o outro com os olhos da confiança, acreditando no bem que está nele.

São Bento sempre pedia que os monges vissem Cristo em cada ser humano. Não é tarefa fácil e agradável ver Cristo num colaborador problemático, acreditando que no fundo ele tem um bom núcleo. De modo algum isso significa olhar o outro sempre através de lentes embelezadoras, ignorando sua face negativa. Agindo assim, estaríamos conscientemente fechando os olhos para a realidade, criando uma representação por não suportarmos olhar para a negatividade. Acreditar na presença de Cristo no irmão e na irmã significa, antes de tudo, ver o outro como ele é – mesmo com sua postura negativa, mesmo com sua maldade. Mas nem por isso vou me fixar em seu lado sombrio. Olho através da fachada escura para poder descobrir nele um núcleo bom. Toda pessoa, em seu íntimo, deseja o bem. O Psiquiatra Albert Görres, de Munique, dizia que ninguém pratica o mal por sentir prazer no mal, mas sempre porque está desesperado. Se descubro na pessoa desesperada seu desejo de ser bom, de estar em concórdia consigo mesmo e com os outros, pela confiança que deposito nele posso despertar seu núcleo positivo, fazendo com que germine e cresça. A fé transforma os homens. Sobre ela Jesus diz: "Se alguém disser a esta montanha: Mova-se daqui e se lance ao mar, e se não duvidar em seu coração, mas crer que acontece o que ele diz, então isso acontecerá" (Mc 11,23). Para nós, isso soa meio fantasioso. Mas, ao pronunciar essas palavras, Jesus certamente não estava pensando em nenhum truque de magia. Antes, Ele nos encorajou a crer na maravilha da transformação que se opera no homem. Todos podem se transformar, ficando satisfeitos consigo mesmos, ser bons.

Também a confiança no futuro deve ser conquistada. Para mim, olhar para o futuro com confiança é uma tarefa espiritual. Tomando essa atitude, um bom gestor não olha apenas para os perigos futuros que sua empresa pode correr, mas confia seu trabalho, e também a si mesmo, a Deus. A fé, no entanto, não pode significar fuga da realidade. No meio de uma situação real que não se mostra tão colorida, o gestor acredita que Deus não irá negar bênção a si e a sua empresa.

Às pessoas com dificuldades em confiar, sugiro a meditação do Salmo 23,1: "O Senhor é meu Pastor e nada me faltará". Isso não quer dizer que todos os meus empreendimentos serão vitoriosos. Mas se medito constantemente neste versículo, irá crescendo em mim a confiança de que o meu núcleo mais íntimo não poderá ser destruído. Deus pode permitir que eu me depare com situações muitíssimo delicadas, mas também em tais circunstâncias não estou só. Também ali Deus manterá sua mão protetora sobre mim. Esse é o fundamento sobre o qual posso construir minha vida espiritual. Nas situações difíceis Deus me orienta a buscar saídas.

A atenção

O mundo da concorrência obriga gestores e gestoras a vigiar e estar em estado de permanente atenção. Devem ficar atentos à atuação das outras empresas, às novas ideias e como se dão as mudanças das necessidades humanas. Precisam, portanto, de muita perspicácia. Não é mais possível continuar simplesmente produzindo, o mais barato possível, os velhos produtos, colocando-os no mercado com a máxima presteza. Hoje, mais do que nunca, é importante inovar. E um gestor só será inovador se eleger a atenção como companheira. Onde estão as verdadeiras necessidades do ser humano? Onde "o sapato está apertando"? O que poderia realmente ajudá-lo? O que poderia fazer para ir ao encontro de seu desejo?

Prestar atenção significa, porém, mais do que desenvolver um bom *marketing*. No tema da atenção está em questão, em última instância, o perguntar a si mesmo sobre o real sentido de vida e como se poderá ajudar o ser humano a encontrar seu próprio sentido. A pessoa atenciosa irá se preocupar com a luta que o ser humano empreende para manter a vida em épocas de mudança. Irá refletir sobre o modo de apoiar as pessoas nessa empreitada. Paralelamente a isso, é preciso prestar atenção também no relacionamento com os colegas colaboradores da empresa. Muitas lideranças empresariais aprenderam em seminários como motivar seus colegas, mas muitos instrumentos motivacionais acabam se desgastando rapidamente. Já não são eficientes. Então há necessidade de atenção para poder se colocar no lugar dos colegas, tentando imaginar o que estes desejariam, o que fundamentalmente os move e como posso despertar neles o prazer de trabalhar. A motivação não pode ser simplesmente um truque para fazer com que os colaboradores trabalhem cada vez mais. Ao contrário, devo perceber claramente a motivação que dá sentido ao seu trabalho. Quando veem sentido em seu trabalho ou nos objetivos da empresa, poderão trabalhar com prazer. E devo procurar sentir o que sentem para perceber onde estão seus bloqueios e como poderiam eventualmente ser removidos. O que poderia fazer fluir sua energia? Quando a energia dos colaboradores começa a fluir, eles começam a se sentir muito bem, e, obviamente, também a empresa acaba lucrando com isso. Os colaboradores sempre percebem se estão sendo simplesmente pressionados para proveito da empresa ou se ela está realmente cuidando deles. *Atenção* vem de *atender*. Eu atendo os colaboradores, respeito-os em sua singularidade? Olho com exatidão onde estão seus pontos fortes e como posso fazer para que sua vida se desenvolva?

Ainda outro ponto: *atenção* significa que estou atento também em mim mesmo. Não controlo simplesmente a mim e meu comportamento, mas presto atenção no que expresso, quando minhas emoções perturbam a convivência e meus humores me impedem de confiar nos outros colaboradores. São Bento exigia que o ecônomo mantivesse sua atenção voltada para sua alma. E isso significa, para mim, prestar atenção aos meus sentimentos, a meu estado de ânimo e ao meu corpo: Como estou me sentido quando vou para o trabalho? Faço-o com prazer ou de modo forçado? Temo por encontros difíceis devido a conflitos não resolvidos com certos colegas? Existe em mim sentimento de amargura, de estar sendo explorado, de abandono? Esses sentimentos têm o direito de existirem, mas é preciso tomar cuidado para que as emoções reprimidas não passem a influenciar meu comportamento. Muitos gestores contaram-me que, nas ocasiões que chegam à empresa interiormente desordenados, acabam colocando tudo de "pernas pro ar". A condução do nosso dia depende, podemos dizer, do que sai do nosso interior, e muitas vezes de maneira inconsciente. Por isso, é preciso prestar muita atenção para não falsearmos nossa postura consciente pelos reflexos inconscientes.

Quem percebe seu interior repleto de pensamentos negativos precisa reagir. Eles são um convite para nos dedicarmos mais tempo a nós mesmos, a nos divertir, a descansar mais. Talvez tenha sido o excesso de trabalho que me deixou muito exaltado e sensível. Ou então são decepções reprimidas que retornam em forma de amargura. Quando percebo estar tomado por agressão, medo, amargura, tensão... no caminho para o trabalho, sinto que preciso olhar para isso com mais calma e atenção; que preciso cuidar de mim. Mas como o momento não me permite fazer isso, reconheço sua existência e procuro manter distância deles. Eles têm o direito de aparecer, mas por enquanto precisam ser deixados de lado.

Os colaboradores de uma grande empresa disseram-me ter adotado o seguinte lema: "Fechar os olhos e ir em frente!" Em vez de ficar reparando nos sentimentos, deveriam simplesmente fechar os olhos e forçar passagem atravessando os problemas. Por algumas semanas, isso pode ser um bom recurso, mas não são solucionados ao longo do tempo. Ao contrário, eles nos cegam emocionalmente. É bem melhor olhar os problemas de frente, admiti-los e então, sim, procurar estratégias de se livrar deles. Em vez de cerrar os olhos, seria mais proveitoso dar um passo atrás e, a partir de uma distância segura, olhar para eles. Aí sim poderíamos proporcionar o aparecimento de soluções.

Quando alguém olhar para seus sentimentos, é comum se deparar com representações que dificultam sua vida. Talvez seja a ideia de querer ser sempre o melhor ou o mais rápido. Num lampejo de tempo percebemos que algo precisa ser mudado, que não podemos continuar assim. É o caso de nos perguntarmos se as expectativas que temos de nós mesmos são razoáveis e fecundas ou se servem somente para nos colocar sob pressão e sobrecarregados. Constatado o fato, preciso me aproximar de novos princípios. Em lugar de ficar preso a ideias de rapidez e imperatividade, começo a ver minha força em apoiar os outros colaboradores, ouvi-los, passar a eles a impressão de que são valiosos. Quando modifico meus princípios de tal modo que eles se harmonizem comigo, não exercerão mais pressão sobre mim, e minha alma voltará a se sentir livre. Volto a sentir prazer em ir para o trabalho. Alegro-me com os outros colaboradores, junto com os quais procuro resolver os compromissos.

Marco Aurélio, o filósofo do Império Romano, em seus monólogos sempre convidava as pessoas para recolher-se, ir para o interior de sua própria alma. Prestar atenção à própria alma significava para ele fugir do alarido da batalha – à qual estava constantemente exposto enquanto general superior –, e mergulhar em seu íntimo. Ali o barulho exterior não penetrava. Ali estava só consigo mesmo e em paz. O que Marco Aurélio escreveu a partir da filosofia estoica foi o mesmo que compreenderam os místicos com o "voltar-se para o fundo mais íntimo da alma". Existe em cada pessoa – dizem os místicos cristãos – um espaço ao qual homem algum tem acesso, onde a pessoa não pode ser ferida por ninguém, onde os problemas não penetram. A esse espaço de quietude, todos deveriam constantemente retornar. Então, a partir desse lugar interior de quietude será possível reagir de modo mais objetivo e melhor às questões que nos são exteriormente impostas.

O equilíbrio entre trabalho e vida pessoal

Nós só conseguiremos preencher de amor nosso trabalho profissional se não nos afogarmos nele, buscando nos realizar também na vida pessoal. O trabalho não nos dá tudo. É bonito engajar-se num empreendimento, mas, se nos "casarmos com o emprego", aos poucos perceberemos que essa união não nos trará felicidade. Temos também outras necessidades, e não somos pura e simplesmente nossa profissão. Podemos driblar as decepções do dia a dia do trabalho especialmente quando desenvolvemos uma boa cultura de vida no lar. Muitos sonham com o emprego ideal, mas este dificilmente poderá ser encontrado. Por toda parte encontramos rotina ou estruturas viciadas. Podemos nos debater com isso, gastando muita energia, mas podemos também relativizar essas restrições. O que só acontece se, depois do expediente, conseguirmos nos desligar do trabalho e "voltar inteiramente" para casa.

Para a maioria das pessoas que assumiram o jugo do trabalho torna-se problemático conjugar trabalho e família. Essas pessoas vêm seguidamente muito tarde para casa, estão exaustas ou precisam repensar o seu dia... carregando sentimento de culpa por dedicarem pouco tempo aos familiares. Às vezes os próprios filhos confessam que gostariam de passar mais tempo com eles. O/a cônjuge continuamente mostra-se insatisfeito/a, afirmando que praticamente não lhes sobra tempo para o diálogo. Muitos estão tão exaustos após o trabalho que preferem reprimir todo e qualquer assunto ou problema relacionado à família. Têm pavor de conversas conflituosas em casa e acabam escondendo-se cada vez mais atrás do trabalho. Simplesmente não têm mais energia para enfrentar, também em casa, com calma, os difíceis problemas de relacionamento. Uma pesquisa americana mostrou que muitas lideranças consideram necessário permanecer mais tempo na empresa a fim de poderem desviar-se do filho adolescente, por exemplo. Enquanto somos reconhecidos na empresa, em casa estamos sendo acusados. Com isso, surge um círculo vicioso de sobrecarga profissional e de problemas familiares. É costume essas situações levarem a pessoa a fugir para os *hobbies* ou para atividades esportivas ou, em casos extremos, para o álcool ou as drogas. A família de um pai trabalhador ou de uma mãe trabalhadora precisa antes de tudo de confiança. O/a companheiro/a precisa saber pelo menos quando o outro volta para casa. E os filhos precisam poder confiar que em certo horário o pai e a mãe estarão ali. Se acontecer algum imprevisto é indispensável telefonar avisando, mas isso não pode ser tornar rotineiro.

Um casal contava-me que vivia em constante discussão porque o marido se comprometia em chegar às 19:00h, mas isso nunca acontecia. A mulher preparava o jantar para essa hora e o marido atrasava. Às vezes ele telefonava, avisando que só chegaria às 20:00h, e isso só ocorria às 21:00h. Os cônjuges precisam sentir segurança entre eles. Se um dos dois for obrigado a esperar indefinidamente o outro chegar em casa, as decepções e amarguras começam a surgir.

É preciso tomar cuidado para que a empresa não nos roube o tempo da família. Recentemente ouvi um relato de alguém, que dizia que o gestor da empresa em que trabalhava tratava seu representante como um verdadeiro escravo. Pensava poder dispor de todo o tempo do colaborador. Quando o representante informava que tinha planejado ir ao teatro, à noite, seu superior considerava isso como uma afronta. Ele era da opinião de que o colaborador precisaria estar constantemente disponível e a serviço da empresa. Isso não pode ser considerado estrutura empresarial, mas um retrocesso ao sistema escravocrata. Para o representante é uma situação delicada: por um lado não quer perder o emprego, por outro precisa que seus direitos sejam respeitados.

Para se poder encontrar um bom equilíbrio entre a vida pessoal e o trabalho é importante estruturar a semana, disponibilizando tempo para si e para a sua profissão. Se a companheira ou o companheiro sabe que esta ou aquela noite está programada para o trabalho, então o casal pode ter uma boa convivência, se os dois conseguem se alegrar em passar juntos uma outra noite. É importante também planejar o fim de semana. Todavia não se deve cair no erro de fazer planos muito rígidos, sobrecarregando-o. Senão, corre-se o risco de não descansar e de intensificar o estresse. O tempo que temos para a família é sempre limitado. Toda e qualquer pessoa que ocupe um cargo de comando tem de contar com isso. O decisivo é que a família possa confiar nesse tempo limitado e que o/a colaborador/a esteja ali realmente presente. Não basta, portanto, reservar tempo para a família; há necessidade de presença qualitativa. Só conseguimos estar realmente presentes na família quando nos desligarmos dos problemas da empresa. É preciso tomar uma decisão consciente em favor da vida pessoal: agora quero ser realmente um companheiro, uma companheira, um pai ou mãe, e não apenas desempenhar esse papel por um espaço limitado de tempo.

Muitas vezes as crianças conseguem, com facilidade, "tirar seus pais do trabalho". Convidam-os para brincar, dependuram-se neles. Quando o pai consegue se envolver no jogo das crianças, sente-se feliz, desligando-se dos problemas do trabalho. Infelizmente, muitos pais ficam contrariados quando os filhos fazem isso, não se dando conta de como isso os fere.

Eles querem estar próximos de seus pais, mas experimentam apenas repulsa e frieza. A cada época de seu desenvolvimento, as crianças representam um desafio diferente para seus pais. À medida que vão crescendo, tornam-se mais críticas em relação ao pai. Acusam-no de se envolver demais no trabalho, negando-lhes a atenção; ou, sentindo-se agredidas, recolhem-se em si mesmas. Quando o pai passa muito tempo no trabalho, já não percebe situações como essas. Não gosta de se envolver com a alma complexa de seus filhos, enfrentando suas frustrações e acusações. Mas com isso consegue apenas distanciar-se cada vez mais – uma ferida que dificilmente poderá ser curada.

O mesmo vale, é claro, também para a mãe que trabalha fora. Essas mães, em geral, têm má consciência por dedicarem pouco tempo às crianças. Estas, por sua vez, aproveitam disso para conseguirem o que querem, o que não é bom para as mães nem para as crianças.

A mãe não pode se sobrecarregar e necessita de bom-senso para perceber suas reações. Quando percebe que diante de qualquer problema apresentado pelas crianças fica irritada, deve começar a cuidar melhor de si. Precisa descobrir um meio mais adequado de desfazer-se interiormente do trabalho. Só assim poderá dedicar-se aos filhos de modo mais consciente. Também, e sobretudo aí, é preciso crer no núcleo bom presente nos filhos. Se vou para casa com a ideia de que estou cansado e que preciso descansar, é claro que fico imediatamente irritado quando as crianças não demonstram compreensão, visto terem também seus estados de ânimo. Mas se, ao contrário, passado o trabalho, procuro alegrar-me com as crianças, meu encontro com elas será bem diferente. Então não será nenhuma dificuldade ouvir o que têm a me dizer. Faço-o com prazer, e na medida em que me dedico abertamente às crianças consigo também afastar-me do trabalho. Não está em questão apenas o tempo que a mãe passa com os filhos, mas sobretudo a qualidade desse tempo. Essa qualidade depende de como a representamos. Quando me sinto sobrecarregado com tudo, reajo agressivamente a todo e qualquer pedido das crianças, aos seus estados de humor e à sua lerdeza. Mas quando consigo alegrar-me com o mistério de cada uma das crianças, mostrando-me receptivo, então estar com elas representa para mim um grande bem. Coloca-me em contato com a vida, o que me ajuda a desligar-me do trabalho.

Nem sempre é fácil, principalmente nos dias atuais, encontrar um bom equilíbrio entre família e trabalho, nem para o pai nem para a mãe. Não existem regras prontas. Cada um deverá encontrar o que, em seu caso, funciona. Para isso é preciso prestar atenção aos seus sentimentos. Sempre que nos encontramos irritados, tensos, inquietos, é sinal que precisamos trabalhar melhor nosso equilíbrio.

Se reprimirmos muitos sentimentos, estes acabarão se manifestando em nosso corpo, através de doenças, ou o nosso interior começa a mostrar enrijecimento e insatisfação crônicos. Geralmente descobrimos tarde demais que precisaríamos ter mudado de atitude. Por outro lado, quem vê sua vida pessoal, o cônjuge, o círculo de amigos... como desafios para o seu desenvolvimento enquanto ser humano, como fontes confiáveis que lhes dão energia, terão mais equilíbrio para enfrentar os problemas decorrentes do trabalho, pois sentem-se humanamente acolhidos.

A linguagem

"Tua linguagem te denuncia", disse a serva a Pedro. Referia-se com isso a seu dialeto. Mas essa frase guarda outras referências, pois nossa linguagem expressa também nossas ideias e posicionamentos. Na introdução de seu livro, Dolf Sternberger escrevia o seguinte a respeito da linguagem: "Dependendo do tanto que alguém fala e da linguagem que emprega para tal, nessa mesma medida se abrem para ele as coisas, o mundo e a natureza, e isso no mesmo modo em que as fala. E cada palavra que pronuncia modifica o mundo onde ele se move, modifica a ele mesmo e seu posto nesse mundo. Por isso, na linguagem nada é indiferente e neutro" (STERNBERGER. *Aus dem Wörterbuch des Unmenschen*, p. 9).

Há diretores que jamais conseguiram aprender a ter cuidado com sua linguagem. No entanto, é ela que caracteriza um ambiente. Nas empresas é costume imperar uma linguagem fria. Ali os sentimentos são reprimidos, e, diante da objetividade nua e crua, as relações humanas são prejudicadas. Ali a linguagem já não cria relações, não é expressão das emoções, mas apenas é expressão de estados e coisas. Quem imagina poder falar de modo puramente objetivo não percebe que a linguagem também comunica outras coisas; por exemplo: frieza, falta de relacionamento, ideias de domínio e agressão.

Além disso, em muitas empresas se desenvolveu uma forma de linguagem muito própria. Fala-se que a empresa está bem-apresentada, que os custos elevados da energia já estão incorporados nos preços dos produtos ofertados, que com sua estratégia a empresa logo estará no caminho do sucesso...

Quando ouço certos gestores falarem, percebo claramente o vazio interno denunciado pela sua linguagem. São pessoas que fazem uso de linguagem rebuscada, falada por todos, mas sem conteúdo, oca. Nem os seus usuários sabem o que têm em mente quando fazem uso desse tipo de linguagem, que tendem a gerar desconforto dentro da empresa.

O mesmo acontece em muitas reuniões de diretoria, onde se faz uso de linguajar agressivo, dando ideia de que se está numa guerra: é preciso tirar os concorrentes do caminho; é preciso impor e executar os mandatos; as contrariedades dentro da empresa têm de ser superadas; os colaboradores que têm uma postura crítica em relação aos planos dos superiores são vistos como inimigos a serem derrotados... Evidentemente, essa agressividade acarreta muito mal-estar dentro da empresa. Não causa estranheza que um número cada vez maior de colaboradores adoece ou procura se proteger da agressividade que os circunda, isolando-se cada vez mais em seu trabalho. E, mesmo quando se procura dialogar para estabelecer união em torno de objetivos, ou resolver algum conflito, mas a linguagem continua fria e agressiva, o resultado conseguido é a resistência dos colaboradores.

Manter a linguagem num bom nível não significa servir-se de truques, como se ela fosse um instrumento de coação. Na linguagem o homem mostra quem ele é. Exatamente por isso é importante prestar atenção no que e na maneira pela qual nos expressamos. Não está em discussão apenas as palavras empregadas, mas também o tom da voz. Alguns tons despertam confiança, outros remetem à frieza, ao conflito interior ou ao desprezo humano.

É claro que não podemos modificar nossa própria voz num estalar de dedos. Em determinadas circunstâncias será preciso ter orientação profissional. Porém, quando nos dirigimos aos colaboradores, precisamos ficar atentos ao nosso tom de voz. Ele precisa fomentar a união e não o desprezo. Muitos diálogos acabam infrutíferos porque a linguagem empregada não une, mas divide; não esclarece, mas confunde; não é convite a pensar e agir em conjunto, mas imposição.

É comum gestores usarem a linguagem como mecanismo de influência. Wittgenstein chama a isso de "enfeitiçamento da compreensão". Muitos representantes aprendem em seminários como fazer uso da linguagem para vender seus produtos. Quando converso com essas pessoas observo se elas apenas fazem uso de uma linguagem efetiva para poder vender ou se também se mostram nela. Dificilmente compro algo de uma pessoa que se esconde em sua estratégia de venda, tornando-se incompreensível enquanto ser humano. Se não consigo perceber a pessoa, não posso confiar no produto que pretende me vender.

Como trabalhar a linguagem própria? Primeiramente deveríamos pensar na seguinte possibilidade: aquilo que dizemos a um cliente ou a um outro colaborador, também o diríamos da mesma forma aos membros de nossa família ou aos amigos? Isso nos faz perceber como as palavras podem se tornar vazias ou artificiais, havendo necessidade de mais espontaneidade em seu uso. Mas a linguagem também pode ser treinada: posso prestar atenção e observar se costumo empregar fórmulas impessoais ou se constantemente faço uso de lugares comuns, escondendo-me atrás deles; se escolho formulações positivas ou negativas, se lanço mão de expressões agressivas. Um gestor pode dizer ao colaborador, por exemplo: "Estou planejando algo contra você". Assim como pode lhe dizer: "Você pode me fazer um favor?" É muito comum empregarmos essas expressões inconscientemente. Não percebemos a carga de agressividade e desprezo humano escondidos atrás delas. Pela linguagem pode-se criar uma atmosfera agradável ou superficial. Por isso é importante nosso investimento nela.

Os valores

Atualmente as empresas e seus gestores estão redescobrindo a importância dos valores. Mas isso não se refere apenas a valores econômicos, mas a valores éticos, que dignificam o nosso agir. Ouvimos muito sobre mudança de valores, como liberdade, autodeterminação, autorresponsabilidade, felicidade etc. Nem por isso valores clássicos, como justiça, bravura, moderação e inteligência perderam sua validade, mas foram enriquecidos com o acréscimo de valores como tolerância, eficácia e solidariedade, todos eles voltados ao fomento do humanismo.

Não são poucos os empreendimentos que investem na criação de valores e na conscientização deles. Na prática, porém, a realidade é diferente: colaboradores fiéis aos valores assumidos pela empresa muitas vezes são ridicularizados ou enfrentam a resistência da própria gestão da empresa.

A discussão a respeito de um *ethos* universal, que se desenvolveu a partir do forte empenho de Hans Küng, mostrou claramente que a humanidade precisa de valores universais para sobreviver. No entanto, não devemos falar de valores com o dedo em riste. Quem reclama a conservação de valores de maneira moralista acaba gerando apenas má consciência e repulsa. Para mim, importa ver os valores como um auxílio para meu agir profissional, pois eles dignificam a vida. A palavra inglesa para expressar valor, "value", provém de "valere" = "ser forte, valoroso, sadio". Os valores são, portanto, fontes de força para minha vida. São pressupostos para que eu possa viver de maneira sadia. Valores objetivos como justiça, liberdade, verdade, dignidade do homem, bravura, moderação, inteligência, fidelidade, solidariedade humana, qualidade de vida, podem servir como indicadores para meu agir.

Ao lado desses existem os valores subjetivos, que são especialmente importantes para o indivíduo. Cada pessoa tem seus valores preferidos, que motivam seu agir e valorizam sua vida. Mesmo que os economistas concordem que não podemos viver sem valores, para o indivíduo nem sempre é fácil manter os valores que a empresa julga ser importantes para ele. Nesses casos é preciso decididamente dar um passo atrás, para não se tornar submisso às expectativas da empresa.

Os valores conferem sentido à nossa vida. Precisamos de diretrizes que nos motivem, que nos façam sentir prazer em trabalhar. Eles nos permitem ver além de nossos problemas cotidianos, nos orientando e nos cumulando de energia.

Fui convidado para um simpósio sobre "Criação de valores pela avaliação dos valores". Seus organizadores se inspiraram na ideia de que a pessoa respeitadora e seguidora dos valores éticos consequentemente acaba criando valores econômicos. Isso não significa que os valores estão a serviço de um objetivo meramente econômico. No entanto, quando permito que os valores estejam presentes em meu agir, acabo, com o tempo, obtendo sucesso financeiro. Todavia é preciso tomar cuidado para não ter "olhar míope". Tem olhar míope, por exemplo, quem acredita ter levado desvantagem em determinado negócio por ter sido fiel a valores como a honestidade. Com o tempo, essa perda será compensada, pois os clientes perceberão que a empresa age com transparência, que valoriza e dá atenção aos valores do ser humano, tornando-o mais feliz.

Há um temor quase generalizado de que a globalização torne a concorrência cada vez mais difícil e desumana. Se a globalização se preocupar unicamente com o sucesso econômico, sem respeitar valores, certamente este mundo se tornará cada vez mais frio e desumano. Por isso, as escolas beneditinas de todo o mundo impuseram a si mesmas como programa a tarefa de "humanizar a globalização e globalizar a humanização". Isso pode ser um bom programa para ser adotado por toda e qualquer empresa.

A atuação profissional como desafio espiritual

Não fui eu que escolhi a profissão de ecônomo. Foi a obediência religiosa que me fez dedicar a esse ramo de atividade. No entanto, nessa tarefa eu vejo um grande desafio espiritual. Administrar, lidar com conflitos, descobrir os próprios medos, prestar atenção ao desenvolvimento da sociedade, às necessidades humanas e a mim mesmo, isso é uma tarefa realmente espiritual. O ato de administrar coloca-me radicalmente em confronto comigo mesmo. Aprendo a conhecer todos os meus lados obscuros. Quem se dedica honestamente à tarefa de administrar aprende rapidamente a abandonar a tendência de moralizar tudo e todos. Percebe que carrega em si mesmo todas as tendências que procura corrigir nos outros; a tendência de mentir, de enganar, de ser injusto, intolerante, inflexível e invejoso. É preciso uma boa dose de humildade para poder reconhecer em si mesmo essas tendências e aceitá-las sem precisar transformá-las em vivência. Nessa humildade acabo sendo mais misericordioso para com o meu próximo. Não me coloco acima dele, mas o compreendo, com seus defeitos e suas fraquezas, com suas estratégias para sempre levar vantagem pessoal etc.

Administrar, como uma tarefa espiritual, tem para mim diversos aspectos. O primeiro deles se refere ao confronto comigo mesmo e com o meu autoconhecimento. Quando gerencio outras pessoas, sinto-me obrigado a conduzir bem a mim mesmo, o que implica autorreconciliação. Se estou em harmonia comigo mesmo, não projeto em meus colegas meu lado obscuro e reprimido. Essa reconciliação não ocorre de maneira definitiva. Ao contrário, pelo embate cotidiano, pelo confronto com colaboradores insatisfeitos, internamente dilacerados, sou remetido constantemente para meu próprio lado obscuro. Quando um colaborador me irrita, descubro que ele me faz lembrar de questões que ainda não aceitei em mim. Hermann Hesse disse certa vez: "O que não está em nós também não nos pode irritar". Eu só me irrito com aquilo que experimento em mim mesmo de modo parecido, mas que prefiro reprimir. Diariamente sou confrontado comigo mesmo e com minha verdade. Isso cria humildade e faz com que não me coloque acima de ninguém; percebo que ainda tenho muito que trabalhar, pois ainda estou distante do sentimento de serenidade e paz interior.

Um outro aspecto da tarefa espiritual, para mim, consiste em que a ação de administrar constantemente me remete à minha caminhada espiritual. Os problemas do trabalho me desafiam a encontrar tempo para a oração e a meditação, para o silêncio e o recolhimento, para a interiorização. Na meditação entro em contato com a fonte da qual me abasteço. É a fonte do Espírito Santo. Ela é maior que minha própria força e que as reservas que herdei de meus pais.

Existe em mim uma fonte que jamais seca, pois é divina. Ela está sempre em mim, mesmo que eu esteja quase sempre desligado dela. É por isso que preciso de lugares de quietude e de recolhimento para entrar em contato com essa fonte e permitir que ela me inunde completamente. Quando me abasteço dela, dificilmente me sinto esgotado. Quando, ao contrário me sinto "na fossa", torna-se evidente que estou me abastecendo em fonte turva, a fonte do orgulho ou da tendência de procurar aprovação dos outros ou de mim mesmo.

A meditação tornou-se para mim uma ótima oportunidade de purificação das emoções. Percebo que, em meu trabalho, as emoções que vêm de fora estão sempre perturbando meu espírito. São conflitos e tensões encobertos, preconceitos entre os colaboradores, ressentimentos, doenças etc. Se não tomar cuidado, acabo me perdendo nesse emaranhado de emoções, prejudicando meus pensamentos e sentimentos. Isso faz com que eu não pense com retidão nem veja com clareza a realidade das coisas, mas apenas através dos óculos embaçados de minhas emoções turvas. Daí a importância de purificar minhas emoções pela meditação e oração. O Ofício das horas, com a proclamação dos salmos, também me ajuda a ver as coisas de modo mais claro. Os salmos expressam emoções como a raiva e a cobiça, a ira e a mágoa, a inveja e a decepção, e na oração ofereço tudo isso a Deus. Na medida em que pronuncio essas emoções, ganho distância delas.

Um outro aspecto da tarefa espiritual consiste em tomar contato, decidir ficar comigo mesmo. Quanto mais permaneço em mim mesmo, menos deixo-me pressionar pelas outras pessoas, menos deixo que os outros ditem as regras do meu comportamento. Percebo que um dos maiores problemas das pessoas que ocupam cargos de responsabilidade é permitirem que determinados colegas ou colaboradores as subtraiam de seu centro. Antes que possam refletir com retidão, os outros já se apoderaram deles. Assim, já não agem, mas apenas reagem.

Oração e meditação são instrumentos preciosos que ajudam a permanecer contactado consigo mesmo. Se, antes de ir para um encontro ou uma reunião, consigo fazer uma pequena meditação e me coloco junto de mim mesmo, conduzo eu mesmo a conversa sem deixar que os outros ditem as regras do jogo.

Um outro aspecto do desafio espiritual, a meu ver, consiste em que, ao exercer minhas atividades de comando, preciso desenvolver posturas interiores que se pautem pela orientação que me oferece a Bíblia. Os nove frutos do Espírito citados por Paulo na carta aos Gálatas são posturas que permitem exercer um bom comando. São dons do Espírito Santo, mas são igualmente desafios para que eu me movimente na direção desses dons, trabalhando-os em mim mesmo para que o Espírito Santo possa produzir em mim "amor, alegria, paz, longanimidade, amabilidade, bondade, fidelidade, mansidão e autodomínio" (Gl 5,22s.). Se não amo meus colegas colaboradores, também não posso comandá-los. Para realizar com prazer minha tarefa, preciso sentir alegria em meu trabalho e nas capacidades dos outros colaboradores. Essa alegria é como uma fonte que me robustece. Longanimidade indica um coração amplo e vasto, que me protege de irritar por coisas insignificantes. Amabilidade, bondade e mansidão não deixam que a atividade de comando seja exercida com dureza e agressividade, sendo muito mais eficientes do que todo e qualquer controle inteligentemente planejado. Fidelidade denota confiança. Os outros colaboradores precisam confiar em mim. E a tarefa de direção obriga-me a trabalhar constantemente comigo mesmo, para criar autodomínio em lugar de ser dominado pelas emoções. Assim, concebo meu trabalho como um processo de constante crescimento. Posso confiar que, por ser espírito, Deus gera em mim os frutos de que falou Paulo. Mas é preciso que eu colabore também. Os frutos não são metas a serem buscadas, mas desafios que me põem a caminhar em sua direção. Jamais poderei dizer a mim mesmo: agora estás indo bem no comando; agora és um gestor maduro, bem assentado em ti mesmo. Todo dia estou sendo confrontado com meu lado obscuro e com minhas fraquezas. Diariamente descubro não estar correspondendo bem aos frutos do Espírito. Ao experimentar isso, não me deixo decepcionar, mas busco agir com humildade. Para mim, humildade é ter coragem de ver a verdade. Minha verdade está longe de ser como gostaria que fosse. A humildade convida-me, porém, a trabalhar em mim de maneira contínua, oferecendo a Deus meu lado obscuro, para que Ele gere em mim os frutos de seu Espírito.

Para São Bento, segue um bom caminho aquele que executa bem seu serviço. A tarefa de gestão é um serviço aos e para os homens e, em última instância, para Deus. Sou sempre desafiado a deixar de lado as preocupações comigo mesmo e dedicar-me às pessoas com as quais trabalho. Nessa dedicação sinto-me desafiado a perguntar se em minha tarefa o que importa sou eu e meu sucesso ou se valorizo o todo, a vida das outras pessoas e, naturalmente, também o sucesso da empresa. Procuro me colocar a serviço da empresa, não com mentalidade pequena, procurando me promover com isso. Sempre preciso renovar meu propósito de acolher as pessoas que se sentem feridas, doentes, que projetam em mim seus problemas. Não me deixar amargurar com essas coisas, mas trabalhar na esperança de que haja mudança na vida dessas pessoas, tornando-as mais sadias, isso sim é um desafio espiritual. Exige desprendimento e, em última instância, amor.

O amor que demonstro aos meus colegas colaboradores é sóbrio. Não tem qualquer ligação com sentimentos românticos, mas é uma disposição de diariamente dizer sim aos meus colegas concretos, que estão ao meu lado. É um amor serviçal.

Por fim, sinto que a tarefa de comando leva-me a servir as pessoas, colocando-me plena e totalmente a serviço de Deus.

Servir, para mim, significa despertar vida nas pessoas, servir à vida que deseja florescer nelas. É um serviço desprendido, mas também um serviço pelo qual sempre me sinto agradecido. Quando vejo que um colega colaborador sente alegria no que está fazendo; quando, depois de conversar comigo, alguém sai de cabeça erguida, sinto que vale a pena empenhar-me no serviço de comando. Quando a vida desperta das pessoas, sinto-me presenteado.

Outro aspecto da dimensão espiritual de comandar consiste, para mim, em preencher espiritualmente meus afazeres. Isso não significa cobrir tudo que faço com o manto da piedade. Mantendo clareza em meu trabalho, na objetividade, na confiança e no serviço, procuro exercer a atitude mais importante do caminho espiritual: o desprendimento, deixar de lado meu egoísmo, ou, como expressou Jesus, "renunciar a si mesmo". Quando fala em "renunciar a si mesmo" Jesus não quer dizer que devamos nos submeter e renunciar a nosso si-mesmo. Trata-se de distanciar-se do ego, que sempre quer tudo para si, girando sobre si mesmo. C.G. Jung distingue entre ego e Si-mesmo. O ego incha-se, quer se impor. Quando procuro impor-me por minha tarefa de mando, é sinal que estou preso em mim mesmo, e assim não gero frutos. Mas quando trabalho a partir do meu centro mais interior – o que C.G. Jung chama de Si-mesmo – consigo produzir frutos. A palavra grega *aparneistai* (negar) significa propriamente "dizer não", oferecer resistência, ganhar distância. Meu trabalho me desafia a tomar distância do meu ego. Ocupando posição de mando, sempre me defronto com a tendência de colocar-me acima dos outros, ficando, assim, preso ao ego. Por isso, minha tarefa diária é dizer *não* a essa tendência interior. E nesse dizer-não, nessa negação, estou exercitando-me no espírito de Jesus, o qual praticou em si mesmo o que pediu de nós.

Renunciar a si mesmo é só um lado da medalha. O outro está citado por São Bento no capítulo que trata dos operários e dos artesãos dentro do mosteiro: honrar a Deus. Bento exorta os operários do mosteiro a não se colocarem acima dos outros irmãos e não se vangloriarem por suas habilidades e obras. Tampouco devem se exaltar por estarem conseguindo muito dinheiro para o mosteiro. Por causa disso devem vender suas mercadorias a preço mais baixo, para que "Deus seja glorificado em tudo" (RB 57). Bento está se referindo aqui a uma passagem da Carta de Pedro: "Aquele que fala, fala com as palavras que Deus lhe dá; quem serve, serve com a força que Deus lhe concede. Assim, em tudo Deus será glorificado em Jesus Cristo" (1Pd 4,11). Ele está convencido de que tudo que fazemos devemos à força divina. Nossa tarefa de mando deve, portanto, acontecer a partir das habilidades com que Deus nos presenteia. Quando Deus se mostra concretamente no modo como exerço o comando, então é glorificado em meu trabalho. Não está mais em evidência a glória e o sucesso pessoais, mas a glória de Deus.

Para muitos soa muito piedoso dizer que em meu trabalho estou glorificando a Deus. Mas observando o trabalho pode-se perceber muito bem quando o colaborador está glorificando a si mesmo e quando está glorificando a Deus. Quando gira em torno de si mesmo, o trabalho está tomado pelas pretensões do ego. Sentimos que o trabalho está repleto de ego, quando prezamos e expomos somente a nós mesmos, por melhor que ajamos. Quem, em sua tarefa de mando, glorifica a Deus, procura ter uma postura discreta. Coloca-se no plano de fundo, deixa as coisas acontecerem, e sua tarefa de mando torna-se leve, flexível, clara e desprendido. Mas esse desprendimento não é conquistado sem esforço. Precisa de constante exercício e atenção para que o trabalho não se misture e não fique turvado pelo ego, mas possa espelhar a glória de Deus. Assim, a tarefa de comando é um constante exercício na atitude cristã mais decisiva: dar glória a Deus, colocando-se a serviço de Deus e dos homens.

Referências

AFFEMAN, Rudolf. "Schuld, Schulderfahrung und Gewissen – Ein Gespräch mit dem Stuttgarter Psychotherapeuten". In: *Herder Korrespondenz*, 27, 1973, p. 131-137.

GRÜN, Anselm. *Führen mit Werten*. München: [s.e.], 2003.

_____. *Menschen führen* – Leben wecken. Münsterschwarzach: [s.e.], 1999.

NIETZSCHE, Isabel. *Erfolgreich durch Konflikte* – Wie Frauen im Job Krisen managen. Hamburg: [s.e.], 2001.

STERNBERGER, Dolf. *Aus dem Wörterbuch des Unmenschen*. Hamburg: [s.e.], 1957.